Hilal Sezgin

Typisch Türkin?

D1663171

Hilal Sezgin

Typisch Türkin?

Porträt einer neuen Generation

HERDER

FREIBURG · BASEL · WIEN

Gedruckt auf umweltfreundlichem,
chlorfrei gebleichtem Papier

Originalausgabe

Alle Rechte vorbehalten – Printed in Germany
© Verlag Herder Freiburg im Breisgau 2006
www.herder.de
Satz: Dtp-Satzservice Peter Huber, Freiburg
Herstellung: fgb · freiburger graphische betriebe 2006
www.fgb.de
Umschlaggestaltung und Konzeption:
R·M·E, Roland Eschlbeck & Team
(Liana Tuchel, Kornelia Bunkhofer)
Umschlagmotiv: © gettyimages
ISBN-13: 978-3-451-28875-3
ISBN-10: 3-451-28875-3

Inhalt

Melonen aus Diyarbakır

„Tütenbomber" so nannten viele Deutsche in den siebziger Jahren scherzend die Flugzeuge, mit denen ihre türkischen Nachbarn und Kollegen alljährlich in die Sommerferien flogen. Denn neben ausgebeulten Koffern und weiten Taschen schien es unvermeidlich, dass ein jeder Reisende Hab und Gut und Mitbringsel in zahlreichen Plastiktüten mit sich führte: auf dem Hinflug alte Kleider, Schokolade, Elektroartikel und Cremes, Salben und Arzneien, die man zwar auch in der Türkei bekommen konnte, die aber in Deutschland selbstredend viel besser waren. Auf dem Rückflug andere Kleider, andere Elektroartikel, andere Salben sowie Produkte des ehedem heimatlichen Gartens (diese wiederum besser als alles, was es in Deutschland zu essen gab). Noch heute kommt es vor, dass der Pilot auf halber Strecke zwischen Ankara und Frankfurt höflich informiert: „Wegen unseres momentanen Gewichts dürfen wir die Flughöhe von 9600 Metern nicht überschreiten." Man kann nicht umhin, sich vorzustellen, wie sich da dicke grüne Bohnen und schlanke Auberginen, zerdetschte Pfirsiche und die eine oder andere Wassermelone den Raum im Bauch des Flugzeugs teilen.

Doch der Austausch zwischen der Türkei und Deutschland umfasst längst weit mehr als nur ungelernte Arbeitskräfte und handfeste Güter. Von den meisten Deutschen so gut wie unbemerkt, den Türken hingegen selbstverständlich, vollzieht sich zwischen beiden Ländern ein reges Kommen und Gehen von Menschen und Kompetenzen.

Hier wird studiert, dort gelehrt, hier ein Unternehmen gegründet, dort ein Patentrecht geklärt, hier Rente eingezahlt und dort das Häuschen für den Ruhestand gekauft. So gut wie jeder hat Verwandte in beiden Ländern, Freunde, die gerade in seine Nähe oder doch wieder in die Türkei gezogen sind. Der türkische Zeitungsleser kennt die aktuellen Kommentare deutscher Politiker zur Frage des EU-Beitritts, und der gelegentliche Bundestagswahlkampf beschäftigt jeden beliebigen Provinzsender, sogar den aus Diyarbakır, wo angeblich die größten Wassermelonen herkommen.

Immer noch wird der Witz gern erzählt, dass ein Flugzeug in Schieflage gerät, sobald zu viele Riesenmelonen aus Diyarbakır an Bord sind, doch darf man dies Detail nicht für das Ganze nehmen. Die Gastarbeiter haben nicht gehalten, was sie versprachen, sie nahmen und sie gaben bald sehr viel mehr. Anders als von ihnen selbst und vom deutschen Staat geplant, sind die meisten auch nach dem Anwerbestopp 1973 hier geblieben; als Klein- oder Großunternehmer stehen sie längst nicht mehr nur am Fließband oder sitzen an der Nähmaschine; und wer versucht, ihre Kinder in eine Schublade zu stopfen, wird sehen, dass sich an allen Ecken und Enden etwas nicht richtig hineinfügen will.

Nun ist die Einteilung der Einwanderer und ihrer Kinder in Generationen weithin geläufig: Die Gastarbeiter selbst, heute oft in Rente, stellen dabei die erste, die heutigen Kinder und Teenager unter Umständen bereits die dritte Generation. Dazwischen Erwachsene in einem Alter, in dem die meisten mitten im Berufsleben stehen und längst eigene Familien gegründet haben: die ob ihrer Erfolge oder Versäumnisse in Sachen Integration heiß diskutierte zweite Generation.

Wie überschaubar dieser Begriff der „zweiten Generation" klingt – aber welch ein Durcheinander, wenn man sich im echten Leben nach ihr umschaut! Man rechne nur einmal die Altersunterschiede nach: Die hier Geborenen sind meist um die dreißig, Mitte zwanzig; andere wurden in der Türkei geboren und hatten dort schon einige Jahre die Schule absolviert, wurden vielleicht erst mit sechzehn Jahren „nachgeholt", solange es das Gesetz zur Familienzusammenführung noch erlaubte, und gehen jetzt auf Mitte vierzig zu. Schon allein daher haben sie völlig unterschiedliche Erinnerungen an ihre Kindheit, an die Türkei als Heimat- oder bloß Urlaubsland. Und je nachdem, wie gut sich die Eltern hier eingelebt haben, zu welchem Wohlstand und welchem Wohlgefühl sie in Deutschland gekommen sind und welche Pläne sie für die Zukunft entwickelt haben, werden sich auch Wünsche und Möglichkeiten der Kinder, ihre Bildung und ihr Selbstverständnis von vornherein unterscheiden.

Kommt der erwähnte rege Austausch zwischen den Ländern hinzu: Nicht selten hört man von einer jungen Türkin, der die nach wie vor in der Türkei lebenden Eltern ein Studium in Deutschland finanzieren – in ihrer Familie ist *sie* die erste Generation. Oder wohin gehören die jungen Frauen, die, frisch vermählt, aus der Türkei ihren seit langem in Deutschland lebenden Männern folgen? Unter der Bezeichnung „Importbräute" gelten sie den deutschen Medien als Inbegriff der vom Patriarchat gebeutelten stummen Orientalin, und in der türkischen Öffentlichkeit redet man sich die Köpfe heiß, ob sie das Image bei den Deutschen verschlechtern (weil die meisten von ihnen nicht aus modernen Großstädten wie Istanbul, Izmir oder Ankara, sondern aus den ländlichen Gebieten Mittel- oder Ostanatoliens stammen).

Sie selbst sind zwar keine Kinder der ersten Generation, aber die Gefährtinnen der zweiten und die Schwiegertöchter der ersten. Vor allem aber profitieren beide, die Studentin und die Angeheiratete, davon, dass es eine Generation vor ihnen gab, die sich nach Deutschland aufgemacht hat, und sie müssen die Fehler mittragen, die diese Generation – und vielleicht auch die deutsche Gesellschaft an ihr? – teils begangen hat. Mit den leiblichen Kindern der einstigen „Gastarbeiter" teilen sie Infrastruktur, Wissen, Vorurteile, letztere aktiv und passiv.

Diese Vorurteile schlagen sich unter anderem in einer Distanz nieder, die nach vierzig Jahren Zusammenlebens eigentlich erstaunlich ist. Es sind wenige tiefe Freundschaften entstanden. Was man voneinander weiß, erfährt man aus dem Fernsehen, selten aus erster Hand. Bereits der ganz normalen, beiläufigen Konversation stehen Unsicherheiten und Befangenheit im Weg (und oft auch Desinteresse, auf beiden Seiten). Diese Situation ist ernüchternd bis traurig, in einigen Punkten auch verfahren – und doch weit von dem Schreckensbild so genannter Parallelgesellschaften entfernt, demzufolge es in den von der Zivilisation quasi unberührten Ausländerghettos nur so brodelt. Nein, viel eher handelt es sich um das Nebeneinander zweier Nachbarn, zweier Parteien desselben Mietshauses, die einander jeden Morgen im Treppenhaus knapp zunicken, mehr aber auch nicht. Wenn man einmal etwas voneinander mitbekommt, dann nur, wenn der Krankenwagen oder die Polizei gekommen ist.

Und so ist dieses Buch, das auf der Grundlage von biografischen Interviews mit 19 deutsch-türkischen Frauen entstanden ist, selbst als eine Art Gespräch gedacht, als ein freundschaftliches Gespräch, in dem man mehr erfährt als nur von den Katastrophen und, seltener, den Highlights, die Schlagzeilen machen: nämlich von Arbeit und Liebe, Familie und Einsamkeit; von Lebenszielen und Entscheidungen, Erfolgen, Scheitern und unerfüllten Träumen. Anders als es der Name der Autorin vielleicht vermuten lässt, schöpft dieses Buch also nicht aus deren eigenen Erinnerungen und Erlebnissen, sondern versucht weiterzugeben, was 19 Frauen mit wunderbarer Offenheit und Großzügigkeit einer ihnen zunächst fremden Frau von sich erzählt haben. Jede erzählte etwas anderes. Einiges hat sich überschnitten. Oft nahm ein Gespräch eine unvermutete Wendung, enthüllte eine Überraschung.

Die Auswahl der interviewten Frauen folgte keiner strengen Methodik, versuchte aber doch, unterschiedliche Lebensläufe zu berücksichtigen. Schon von den biografischen Daten her wird man bei den Frauen zwischen 25 und 45, wie man die „zweite" oder „neue" Generation grob einteilen könnte, alles Mögliche finden: viele hier Geborene, deren Türkisch dürftig ist oder spätestens bei Besuchen in der Türkei sofort als Deutsch-Türkisch identifiziert wird, und manche im Großstadtleben noch unbewanderte Anatolierin; die Ärztin, die Arzthelferin, die Studentin, die Aushilfe im Gemüseladen; die „Hausfrau und Mutter" – meist gleichzeitig Ärztin, Arzthelferin, Studentin oder Aushilfe im Gemüseladen.

Es ist egal, ob man sie deutsche Türkinnen, türkische Deutsche, in Deutschland geborene Türkinnen, türkischstämmige Deutsche oder was auch immer nennt. Wenn all diese Frauen eins gemeinsam haben, ist es vielleicht das Wissen um die Eigenarten und Nachteile beider Länder, oder, wie manche sagen: beider „Kulturen", und eine Entschlossenheit, die Vorteile beider zu nutzen.

Deutschland ist dabei eher der Sitz von Arbeit, Alltag und Realität; die Türkei Bezugspunkt im Hintergrund, ein Ort, von dem man sich bisweilen abgrenzt, der aber auch eine ganz besondere Sehnsucht weckt – die nach einem dreiwöchigen Urlaub meist wieder mehr als gestillt ist. Diese Verallgemeinerung ist allerdings schon ziemlich gewagt. Und nach einem wird man gewiss vergeblich Ausschau halten: nach der *typischen* deutschen Türkin.

Typisch Türkin?

„Ich weiß nicht, ob das an meinem Aussehen liegt oder an meinem Beruf", erzählt Gülbahar, „aber wenn die Leute meinen Namen hören, fragen sie mich immer dasselbe: Aber du, du kannst doch keine Türkin sein …?"

Dabei ist weder an Gülbahars Aussehen noch an ihrem Beruf irgendetwas ungewöhnlich – und zwar weder nach deutschen noch nach türkischen Maßstäben. Vor drei Jahren, kurz vor ihrem 22. Geburtstag, hat Gülbahar eine Art inneren wie äußeren Kassensturz gemacht, ihre Eltern um ein Darlehen gebeten und eine Ausbildung zur Werbeassistentin begonnen. Jetzt arbeitet sie tagsüber im Großraumbüro einer Agentur, widmet einen Nachmittag pro Woche in einer Nachbarschaftsinitiative Erstklässlern, die mit ihren Mathehausaufgaben nicht klar kommen, und ihre Wochenenden dem, was sie „mein Flashdance-Leben" nennt: Sie geht tanzen, so oft es geht bis morgens früh. Wenn sie noch einmal die Wahl hätte, erklärt Gülbahar, würde sie sogar professionelle Tänzerin werden, „wo genau, wär mir egal, ich liebe alles zwischen klassischem Ballett und Moulin Rouge."

Und das Einzige, was sie in ihrem Leben bisher bereut, ist nicht die Trennung von ihrem langjährigen Freund und nicht das Streichen ihrer Küche (und Bekleckern des Laminatfußbodens) in Türkis, sondern dass sie im Alter von 19 zu einem Vortanzen bei einer Schauspielschule eingeladen war, sogar in die nächste Runde kam – aber zum zweiten Vortanzen nicht erschienen ist. „Einerseits hab ich mich wie wahnsinnig darauf gefreut, und andererseits war ich halbtot vor Aufregung. Irgendwie habe ich gedacht, das stehst du sowieso nicht durch, also kannst du dir das ersparen. Ich Idiotin, Vollidiotin! Ich weiß natürlich nicht, ob ich's geschafft hätte, vermutlich eher nicht, wenn man bedenkt, wie viele dahin wollten – aber ich hätte wenigstens gewusst, okay, das kannst du abhaken. Das *musst* du abhaken! So aber bleibt es halt mein Traum."

Eine junge Frau also wie Jennifer Beal in *Flashdance*, dem ersten Film, den sich Gülbahar auf DVD gekauft hat: mit einem unerfüllten Traum, mit mittelbraunen Locken und porzellanblauen Augen (und auch die sind in der Türkei, zumal an der Schwarzmeerküste, keine Seltenheit). Mit einer Wohnung, in der man Mokkakännchen aus Messing findet und Retro-Plastikschalen von Ikea, eine Kollektion von Joggingschuhen neben der Tür liegt und Wäsche auf dem Schlafzimmerfußboden, in deren Bücherregal eine stattliche Anzahl marokkanischer Einlegekästchen, tibetischer Räucherstäbchenhalter und *Asterix & Obelix* (komplett) eine schöne Symbiose eingegangen sind. Neben dem Schreibtisch sind Fotografien aus jüngerer Zeit an die Wand gepinnt, die Gülbahar mit diversen jungen Männern, viel Schminke und scheinbar unendlich durchgedrückten Beinen bei lateinamerikanischen Tänzen zeigen.

Inzwischen hat Gülbahar nämlich beschlossen, dass sie, wenn schon nicht professionell, doch immerhin an der stinknormalen Tanzschule ein paar neue Tänze lernen kann. Und dieser gewisse Hüftschwung reizte sie seit Lambada schon immer. „Das verblüfft die Leute stets aufs Neue, wenn wir bei der Tanzschule ins Gespräch kommen und die meinen Namen hören. Bauchtanz, das wär vermutlich okay. Aber Samba – wozu in aller Welt lernt eine Türkin Samba? Du bist doch auch hier, um Samba zu lernen, sag ich dann, aber das verstehen die gar nicht. Und dann fragen sie natürlich, was mein Name bedeutet. Das hat sich ja inzwischen rumgesprochen, dass die meisten türkischen Namen eine Bedeutung haben. Und obwohl meiner von der Bedeutung her ja sehr poetisch ist – Gülbahar heißt Rosenfrühling –, hat es mich doch immer ziemlich genervt, so zu heißen. Mein Nachname ist für deutsche Ohren sowieso schon kompliziert, den muss ich am Telefon immer erst mal buchstabieren. Die Leute kapieren oft gar nicht, dass es mein Nachname ist. Gülbahar Uluer, melde ich mich, und sie fragen, guten Tag, mit wem spreche ich? Und ich sage, na, Uluer, U-L-U-E-R. Die Briefe kommen meistens an *Herrn* Gülbahar, sogar von meiner Bank, obwohl ich mein Konto bei denen habe, seitdem ich achtzehn bin. Und du kannst dir ja denken, wie toll das mit dem Vornamen in der Schule war, der wurde nämlich Gül abgekürzt: Gül, Gülle ... Kinder können ja so was von fies sein! Ich habe mir sogar schon überlegt, meinen Namen zu ändern, in etwas Internationales vielleicht. Yasemin, oder Deniz, das gibt's in vielen Sprachen, das versteht jeder. Wieso haben mich meine Eltern denn nicht einfach Yasemin genannt?"

Yasemin wäre vielleicht auch nicht so toll. Jeder würde sofort an die gleichnamige Filmheldin aus dem Jahr 1988 denken, gespielt von Ayşe Romey, die sich in Jan verliebt, vor ihrer Familie fliehen muss und im rechten Moment von ihrem Traumprinzen in Lederjacke gerettet wird. Auf seinem Motorrad brausen sie in die Dunkelheit einer fraglichen Romanze dahin.

Nicht ganz das, was sich Gülbahar als Teenager für ihre Zukunft wünschte! Bevor Gülbahar, alias Jennifer, alias Yasemin, Werbeassistentin geworden ist, hat sie drei Jahre lang als Reiseleiterin in der Türkei gearbeitet. „Das war schon *immer* mein großer Traum", erklärt sie, ohne einem den geringsten Hinweis zu geben, wie sich diese zu ihrer vorigen Aussage verhält, laut der Tanzen *immer* ihr großer Traum gewesen sei – nun, vielleicht ist Gülbahar ja auch einfach ein Mensch mit vielen großen Träumen. „Auf eigenen Beinen stehen, einer Gruppe sagen, wo's langgeht, rumreisen, am Meer sein, immer an den schönsten Plätzen wohnen... Gut, richtig wohnen tust du da ja dann gar nicht, du lebst praktisch nur aus dem Koffer. Auf Dauer war mir das zu anstrengend, und es war letztlich auch immer dasselbe. Wenn die Touristen kamen, haben sie immer dieselben Fragen gestellt, es ging darum, was ich bin, ob ich Moslem bin, wie es mit den Frauen ist in der Türkei. Und am Anfang habe ich gedacht, das ist okay, das ist ja die legitime Neugier von Reisenden, und irgendwie gehört das mit zum Job, solche Dinge zu erklären. Aber mit der Zeit fand ich das immer nerviger. Weil sie alle so gefragt haben, als wären das für sie ganz neue Sachen, und da habe ich gedacht: Wieso wissen die das eigentlich nicht? Die kommen doch auch aus Stuttgart oder Köln, da gibt es so viele Türken – was fragen die *mich* denn alles? Es lief natürlich immer darauf hinaus, dass sie gesagt haben, du bist ja nicht typisch türkisch. Wenn ich von meinen Eltern erzählt habe, wenn wir über Politik diskutiert haben – du bist ja nicht typisch. Aber wieso denn? Ich habe so viele türkische Freundinnen, in Deutschland und in der Türkei, die genauso sind wie ich – was haben die Leute eigentlich für ein Bild von uns Türkinnen? Ich habe dann gemerkt, wenn du dich gut ausdrücken kannst und mit ihnen über Gott und die Welt diskutierst, dann bist du keine typische Türkin. Ohne Kopftuch, aber mit Bildung – das muss ja eine Ausnahme sein!"

Wenn Ausnahme auf Ausnahme trifft, haben sich die beiden einiges zu erzählen. „Ja, so etwas kenne ich, ich hab schon manchmal gedacht, wenn jemand nicht weiter weiß, wie er einen einschätzen soll, dann sagt er einfach: He, aber Sie sind ja sowieso eine Ausnahme!", erzählt Nimet und denkt dabei nicht an Touristen in Antalya, sondern an Journalisten in Berlin. Nimet hat vor vielen Jahren eine Initiative von ausländischen Studierenden mitbegründet; sie hat auf zig Uni-Podien gesessen, Flugblätter verfasst und Artikel für die Studenten- und Migratinnenzeitungen geschrieben. „Früher oder später landet man dann auch im Radio. Einmal war ich in einer Diskussion als Gast eingeladen, es ging um Integration und Assimilation, und tut mir Leid, ich bin nun mal eine moderne Frau mit modernen Ansichten, und außerdem bin ich halt ziemlich links, ich sehe Fehler auf beiden Seiten, bei den Deutschen und bei den Türken, beim Verhalten im Einzelnen, aber auch Fehler in der Einwanderungspolitik und beim Staat. Tja, und das wurde denen dann zu anstrengend, das hat irgendwie alles nicht ins Konzept gepasst, da hat die Moderatorin irgendwann gesagt, Sie sind halt schon so assimiliert, Sie sind eigentlich keine richtige Türkin mehr. Du kannst dir vorstellen, wie ich da abgegangen bin" – und in der Tat, das kann man sich vorstellen, denn noch bei der Erinnerung daran gerät Nimet ganz gut in Rage –, „und ich habe gesagt, immer wenn ihr nicht weiter wisst, sagt ihr, Sie sind wohl eine Ausnahmetürkin. Wieso können Sie nicht akzeptieren, dass das nicht die Ausnahme ist?"

Da hilft es leider auch nicht immer, wenn man darauf verweisen kann, dass man einige Dutzend Gleichgesinnte hinter sich hat. Je bekannter Nimets Initiative wurde, desto mehr wurde sie als ein Exotikum gehandelt. „Obwohl das eigentlich ja paradox ist. Aber es gab irgendwann so eine Phase, da kamen alle möglichen Journalisten auf die Idee, wir fragen mal, wer bei dieser Gruppe eigentlich so alles mitmacht. Die hatten aber bereits eine These im Hinterkopf, und zwar: Wenn hier eine junge Türkin gut deutsch spricht und es zu etwas gebracht hat, wie man so sagt, also dann hat sie bestimmt schon bürgerliche Eltern gehabt. Das ist dann eine Ausnahme, das zählt wieder nicht. Eine ‚echte‘ Türkin muss ja eine Gastarbeitertochter sein, und für die trifft das nicht zu. Und genau nach dem Muster haben diese Journalisten dann auch gefragt: Die haben gar nicht nach mir gefragt und was *ich* so denke, sondern nur: Wo kommen die Eltern her? Was haben die gearbeitet? Wo leben sie jetzt?"

Und – wo kommen die Eltern her, und was haben sie gearbeitet? Nimet lacht: „Oh, diesen Journalisten habe ich die dollsten Dinge erzählt. Mal sehen, ob ich das noch zusammen kriege. Also, ich glaube, es war so: Ich habe nämlich eine sehr harte Kindheit gehabt, im Osten der Türkei. Meine Familie waren Nomaden, wir wohnten in einer schwarzen Jurte, elf Kinder waren wir insgesamt. Da können sich die Eltern natürlich nicht um jedes Einzelne kümmern, und an Schule war sowieso nicht zu denken, viel zu weit weg. Eines Tages aber kam so eine Kongregation von der UNICEF, die wollten sich ansehen, wie man in Ostanatolien lebt. Ein amerikanisches Botschafterehepaar war auch dabei, sie konnten selbst keine Kinder bekommen, aber sie wollte welche. Meine Eltern – meine türkischen Eltern – haben mich zur Adoption freigegeben, und zwei Monate später kam meine amerikanische Mutter wieder und holte mich in die USA, nach Washington. Das mit der Schule habe ich schnell aufgeholt, sie haben mir alles ermöglicht. Eigenes Zimmer, Sportunterricht, College, Uni, was du willst. Tja, und darum kann ich auch so gut Englisch!"

Zum Beweis spricht Nimet ein paar Sätze in Englisch, amerikanischem Englisch, und in der Tat: Es steht dem von, sagen wir, Diane Keaton oder Hillary Clinton in nichts nach. Das ist auch kein Wunder, weil Nimet in den USA, Michigan, um genau zu sein, das College besucht und später ein komplettes Pharmaziestudium absolviert hat. Ihre Eltern – er ein ehemaliger Offizier, sie Hausfrau – wollten, dass ihre Tochter die besten aller Möglichkeiten bekäme. Und einen noch besseren Ruf als die deutschen Universitäten genießen in der Türkei die Universitäten der USA. Dass Nimet danach, mit 25, nach Deutschland gekommen ist, war für sie mehr eine Rückkehr – auf europäischen Boden, in die Umgebung von Verwandten und Bekannten der Eltern – als ein Auswandern in die Ferne.

Die Geschichte von dem Nomadenleben und der Adoption ist also grober Unfug. Und diese Journalisten haben sie geglaubt?

„Das haben die geglaubt. Die haben alles mitgeschrieben, Wort für Wort, und nachher habe ich es genau so in der Zeitung gelesen."

Nimet hat ihnen nie verraten, dass das nur Quatsch war?

„Nö, ich fand das lustig, zur Abwechslung. Wenn sie so was alles glauben, sind sie selbst schuld, finde ich."

Diese Auskunft ist ein bisschen irritierend, um nicht zu sagen: beunruhigend, und das Gespräch nimmt eine betretene kleine Pause. Genauso gut könnte es ja sein, theoretisch, dass Nimet sich die Geschichte mit dem Studium in den USA ebenfalls gerade ausgedacht hat ...

„Nein, nein", beteuert Nimet, „in *diesem* Fall ist alles echt. Dir sage ich nur die Wahrheit. Ich vertraue mal darauf, dass du nicht so ein Buch schreibst, in dem alle Türken wie Idioten dastehen, und die Frauen müssen alle Kopftuch tragen und so. Nicht, dass ich irgendwie besonders *pro Türken* wäre", beeilt sie sich zu versichern, denn Nimet ist nicht ohne Grund in dieser antirassistischen

Initiative, sie hat den Nationalismus hier wie dort vorwärts und rückwärts kritisiert und auseinander genommen, „aber man darf es sich nicht zu leicht machen, und man darf es den Deutschen auch nicht zu leicht machen."

Nimet, die schon in den USA gemerkt hat, dass Pharmazie gut und schön ist, aber nicht ein ganzes Leben lang, jedenfalls nicht für sie, hat in Deutschland noch ein Studium dran gehängt: Politikwissenschaften und im Nebenfach Neuere Deutsche Literatur. Das überschneidet sich bei mir ganz gut mit Philosophie, Soziologie und Literatur. Nachdem die Herkunft und die politischen Überzeugungen geklärt sind, könnten wir also über alles reden – über Basis und Überbau, über doppelte Staatsbürgerschaft und EU-Beitritt, über Moscheen in der Nachbarschaft, über die neuen Romane von Terézia Mora oder Feridun Zaimoğlu – und worüber reden wir? Zwei Frauen beim Latte Macchiato im Straßencafé?

„Aber eins muss ich dir noch sagen", hebt Nimet warnend an, „mein Alter, das erfährst du nicht. Über mein Alter spreche ich nicht gern. Und über mein Gewicht. Mein Gewicht ist mein allerwundester Punkt."

Eine solche Bemerkung provoziert natürlich verstohlene Blicke und Mutmaßungen zum verbotenen Thema. Nun, die mit dem eigenen Leib gemachte Erfahrung lässt mich annehmen, dass auch Nimet in vielen Boutiquen nichts finden wird, weil Größe 40 dort schon als „extra large" gilt. Ein Körper wie aus der Dove-Werbung, so könnte man vielleicht sagen.

Nimet ist außerordentlich farbenfroh angezogen, und eine Menge ansehnlichen Busens lugt oben aus ihrem Ausschnitt heraus, wenn sie sich nach vorne beugt, mit den Armreifen klimpert und mich, obwohl ich doch eigentlich eine Verbündete bin, fast etwas böse ansieht: „Obwohl ich gar nicht einsehe, warum die Leute alle dünn sein sollen! Das ist die Diktatur der Dünnen hier, habe ich neulich in einem Roman gelesen, und genau so sehe ich es auch. Ich finde es an anderen Frauen ja auch hübsch, wenn die ein bisschen moppelig sind, das kann sehr süß aussehen! Das Blöde ist nur, durch die ganzen schlanken Mädchen, die überall rumlaufen und so, muss ich ehrlich sagen, man geniert sich doch. Also gut, hab ich gedacht, machste Sport. Mit dem Walken hab ich angefangen. Und wenn man irgendwas Peinlicheres haben will als einfach nur dick zu sein, dann ist es Walken, wenn man dick ist. Das mit den Skistöcken hab ich kein zweites Mal gemacht. Ich kam mir vor wie ... wie ..."

Verzweifelter Augenaufschlag. Eine Metapher wird gesucht und gefunden: „Mama Wutz erklimmt Titiwu bei Schnee. Also hab ich mal ganz schnell Joggen gelernt, das sieht viel schicker aus. Joggen, das ist mal wenigstens Sport. Zum Üben bin ich in ein Fitnesscenter, aufs Laufband. Ich habe ganz gemütlich angefangen, und neben mir flitzten so 18-jährige mit flachem Bauch und Balkonbusen. Da kannst du nur den Hut ziehen: Mein lieber Mann, was der Herrgott so alles geschaffen hat! Aber dann bin ich in ein anderes Fitnesscenter, wo es auch Moppelige gab, die gingen auch alle nackt in die Sauna und so, und als ich gemerkt habe: Ich finde deren Körper doch eigentlich schön, da hab ich mir vorgenommen, meinen auch schön zu finden. Und man muss ja auch dran denken: Die anderen haben wieder ein anderes Problem."

Nimets Mutter zum Beispiel. Als Nimet zum ersten Mal aus den USA daheim zu Besuch war und die Mutter ihre 17-jährige Tochter nackt sah, beim Umziehen, um die BHs in die Wäsche zu geben, hat die Mutter mit einer

Mischung aus Neid und Anerkennung aufgeseufzt. „Meine Mutter nämlich war immer sehr schlank, als sie jung war, und da sagte sie, früher hatte sie kaum Busen, dabei wollte sie immer Busen, es kam aber keiner, und immer wenn sie die Brust raus streckte, war von da bis da rein gar nix. Sie war voller Knochen, sie hat sich immer wie eine Kuh gefühlt, bei der alle Knochen rausstehen. Und meine Mutter war ganz neidisch auf die, die was drauf hatten, die hat man bewundert, die waren reich. Der Neid im Blick meiner Mutter, oder die Bewunderung, hat mir schon gut getan, aber so was hält natürlich nicht lange vor."

Nimet lacht, zuerst über die Erinnerung, und dann, weil die ganze Sache mit den Körpernormen so bescheuert ist und man sich trotzdem nicht drüber hinwegsetzen kann. Dann kommt sie noch mal auf die Kuh zurück: „Da siehste aber mal, was für ein Frauenideal wir Türken haben – und was für dünne Kühe das sind bei uns armen Nomaden in der Osttürkei!" Irgendwie wäre es mir lieber gewesen, sie hätte das mit den Kühen nicht gesagt.

Ich habe am Anfang nur geweint

Nimet, die Wissbegierige, die Beherzte, war erst 16 Jahre alt, als sie allein und ohne sich dort auf irgendwelche Verwandte oder Bekannte stützen zu können zum Lernen und Studieren in die USA ging – und von Heimweh war da keine Spur. Im Gegenteil, sie hat sich vom ersten Moment an über die Möglichkeiten gefreut, über all das Neue: „Jetzt bin ich hier, hab ich mir gesagt, da will ich das Beste rausholen."

So leichten Herzens wenden sich die wenigsten Menschen einer neuen Umgebung zu. Und darum ist auch die erste Erinnerung an Deutschland, egal, wie glücklich es später weitergegangen sein mag, meistens eher traurig und trüb. Zahide zum Beispiel, die heute Anwältin in einer internationalen Kanzlei ist und ihren Mandanten mit Rat und Tat von montags früh bis sonntags spät zur Seite steht, fühlte sich damals wie der sprichwörtliche Schluck Wasser in der Kurve (nur dass sie weder diesen Ausdruck kannte noch irgendein anderes deutsches Wort). „Ich habe am Anfang nur geweint", erzählt sie rückblickend ein wenig verschämt. Auch sie war immerhin schon 16 Jahre alt, als sie nach Deutschland kam, und in den Jahren davor hatte sie eigentlich ganz gut gelernt, sich in neuen Situationen zurechtzufinden: Der Vater war schon fünf Jahre zuvor nach Deutschland gegangen, die Mutter war ihm ein Jahr später gefolgt. Selbstverständlich hatten beide fest vor, bald zurückzukehren. Ihre vier Kinder ließen sie in der Heimat, wollten sie nicht aus der gewohnten Umgebung reißen, suchten nach Übergangslösungen, bis die Familie wieder zusammen sein würde – wie sie damals noch glaubten: in der Türkei. Einige Monate lang lebten Zahide, ihre ältere Schwester und ihre beiden Brüder sogar allein im elterlichen Haus in dem kleinen Dorf, in dem sie aufgewachsen waren. Verwandte schauten vorbei, Nachbarn brachten warme Mahlzeiten, eine Tante und ein Onkel waren damit beauftragt, regelmäßig nach dem Rechten zu sehen. Wie gesagt: Es war ja alles nur für kurze Zeit.

Als sich die Zeit allmählich in die Länge zog, beschlossen die Eltern von Deutschland aus, ihre Kinder bei Verwandten unterzubringen. Die Jungen zogen bei Tante und Onkel im Nachbarort ein, die beiden Schwestern kamen zu ihrer Oma in die Kreisstadt, wo sie die Volksschule besuchen konnten. Als die Ältere der beiden die Volksschule abgeschlossen hatte, wurde auch die Kreisstadt zu klein.

Die Eltern, die immer noch beabsichtigten, bald zurückzukehren, nur zu einem etwas späteren „Bald", wollten unbedingt, dass die Töchter auch eine weiterführende Schule besuchten, sie sprachen mit weitläufigen Verwandten in Istanbul. Und wieder zogen die Mädchen um. Erst als sich Zahide und ihre Schwester in Istanbul schon ein wenig heimisch fühlten, kapitulierten die Eltern vor der Einsicht, dass ihr ursprünglicher Plan nicht durchzuhalten war. Sie entschieden sich, ihre Kinder nachzuholen, sie schickten zwei Tickets nach Istanbul; Bekannte setzten die beiden ins Flugzeug, und in Deutschland holten die Eltern ihre Töchter am Flughafen ab.

Das mag nach einer ungewöhnlich komplizierten Geschichte klingen: diese vielen Haushalte, in denen Zahide und ihre Geschwister gelebt haben; das Dorf, die Kleinstadt, Istanbul. Doch hat die Reise nach Deutschland für viele Kinder aus Zahides Generation diese oder ähnlich viele Stationen gehabt. „So ist es ganz oft gewesen", sagt Zahide selbst, „dass vorher lauter andere Arrangements ausprobiert wurden, bevor die ganze Familie nach Deutschland ging. Und jedes Mal guckst du dich als Kind neu um, alle zwei Jahre ist alles wieder anders. Ja, das ist etwas, wovon hier die Wenigsten wissen: Was die Migration, bevor die Leute hier überhaupt angekommen sind, schon alles mit ihnen gemacht hat."

Und während es einerseits so rührend ist, wie sich das Netzwerk, das Zahides Eltern von Deutschland aus aufbauen, von einem kleinen Dorf an der Schwarzmeerküste ausbreitet bis zur nächstgrößeren Stadt und schließlich sogar Istanbul umspannt, wird man den Eindruck nicht los: Zahide und ihre Geschwister waren, trotz aller elterlichen Sorge und der von Verwandten und Bekannten, immer wieder sehr allein. Als die Mutter nach Deutschland aufbrach und die älteste Schwester den Haushalt führte, war diese gerade mal 13 Jahre alt! Und auch als die Familie wieder zusammen war, war dieses Alleinsein nicht zu Ende. „Eigentlich ging es hier ganz genauso weiter", erinnert sich Zahide. Ihr Vater hatte sich vorher erkundigt, welche Art von Arbeitern in Deutschland gebraucht würde, und so hatte er eine handwerkliche Zusatzausbildung gemacht; die Mutter arbeitete als Näherin. „Tja, und da waren sie nun den ganzen Tag weg, ist ja klar. Wir gingen zur Schule, und nach der Schule haben meine Schwester und ich auf die jüngeren Geschwister aufgepasst, das war normal. Und es hat auch sein Gutes. In der Zeit habe ich gelernt, auf mich und auch auf andere Acht zu geben, dieser Impuls ist mir bis heute ein bisschen geblieben, das kommt mir auch in meinem Beruf zugute." Außerdem schweißt so etwas zusammen. Die Brüder und Schwestern haben in dieser Zeit eine Solidarität untereinander entwickelt, von der Zahide sagt, dass sie ihnen – allen geschwisterlichen Streitereien und den sehr verschiedenen Wegen, die sie als Erwachsene eingeschlagen haben, zum Trotz – noch manches Mal geholfen habe.

Das familiäre Zusammensein aber, wie es die Kinder irgendwann einmal, viele Jahre vor der Migration, in ihrem Heimatdorf erlebt hatten, stellte sich nicht wieder ein; auch in Deutschland bestimmte die Abwesenheit der Eltern, die morgens früh zur Arbeit gingen und abends spät nach Hause kamen, Zahides Tag. Es war dieses Alleinsein in fremder Umgebung, das Zahide weinen ließ, und auch die Umgebung selbst, so schön sie war. In der Nähe von München hatten die Eltern eine kleine Wohnung in einem schönen Neubaugebiet gefunden. Es gab Bäume, Spielplätze, Parks. Es war geradezu idyllisch, gibt Zahide im Nachhinein zu, aber damals sah sie nur: Hier gibt's gar kein Meer! Als sie ein kleines Mädchen war, hatte sie an der Schwarzmeerküste gelebt, oder in den letzten Jahren am Bosporus den großen Dampfern nachgeschaut, das Funkeln der Wellen geliebt, die Sonne über einer Stadt, die direkt am Wasser liegt. Verglichen damit schien ihr Bayern trotz all seiner schönen Seen furchtbar trocken, trostlos, einfach nicht lebendig.

Und noch etwas hat Zahide anfangs zu schaffen gemacht: „Mir fehlten die Menschen. Diese Wärme, die in der Türkei ganz normal ist – die fehlt mir bis heute." Es fehlte ihr die Freundlichkeit und Fürsorglichkeit auch fremder Menschen, die man in der Türkei bis heute in allen kleineren Orten antrifft, es fehlte ihr die Aufmerksamkeit flüchtiger Bekannter, die jedes Kind liebevoll in die Wange kneifen (auch wenn es das in dem Moment vielleicht nicht immer zu schätzen weiß), es fehlte ihr die Selbstverständlichkeit, mit der Nachbarn ein- und ausgehen, frisch gebackene Poğça und Kadayif vorbeibringen und mit der immer zig Tanten und Kinder aller Altersstufen um einen sind.

Heute wohnt Zahide in einer eigenen Dreizimmerwohnung und ist oft froh, wenn sie nach einem langen Arbeitstag die Tür zumachen kann; dann genießt sie ein Gefühl von Ruhe, das mit „Zuhause" zu verbinden ihrer Mutter nie in den Sinn käme. „Ich merke all das nicht mehr so deutlich, natürlich habe ich mich auch daran gewöhnt, und in vielem ist mir Deutschland inzwischen lieber. Deutschland ist meine Heimat geworden, und auf vieles hier will ich nicht mehr verzichten. Aber diese Herzlichkeit, die hat mir wirklich sehr lange gefehlt."

„Ich habe am Anfang nur geweint", erzählt schließlich auch Dolunay, die im Alter von 18 Jahren heiratete und mit ihrem Mann nach Deutschland ging, in das ihr völlig unbekannte Köln. Genau genommen kannte sie auch ihren Mann damals noch nicht sehr gut. Sämtlichen älteren Frauen im Dorf, insbesondere seiner eigenen Mutter, war klar, dass er in dem Alter war, in dem man heiraten sollte; und so wurde er Dolunay eines Nachmittags offiziell im Wohnzimmer vorgestellt, eingeklemmt zwischen Kissen in grünem Samt und hellblauen Häkelbezügen. Er trank verlegen seinen dritten Tee, sie schaute zu ihm hinüber. Sie kannte ihn längst vom Sehen; aus der Nähe betrachtet, war er ihr angenehm, sie wollte es wagen. Wenig später bewohnte sie zwei Zimmer in einem Hochhaus in der Nähe von Köln. „Ich konnte kein Deutsch. Mein Mann war andauernd arbeiten. Wir waren die einzige türkische Familie im Haus. Was sollte ich da machen?"

Doch Dolunay ist eine findige, eine aufgeschlossene Person, und vor allem hat sie keinerlei Hemmungen, wenn es darum geht, auf Fremde zuzugehen – oder diese auf sich zugehen zu lassen. Sie unterstellt, dass es Freundlichkeit in jeder Nachbarschaft gibt, und für dieses Vertrauen wird sie offenbar in jeder Nachbarschaft mit Freundlichkeit belohnt. Man muss nur die Tür aufmachen, im wahrsten Sinne des Worts. „Ich hab dann einfach immer die Wohnungstür offen gelassen, und die Nachbarn sind zu Besuch gekommen. Das waren Deutsche, Jugoslawen, alles durcheinander. Ach, was haben die mich getröstet! Ich war voller Heimweh, und die Nachbarinnen kamen herein und haben mich in den Arm genommen." Und dann kam Omi. Omi heißt Omi, weil sie ungefähr das Alter von Dolunays inzwischen verstorbener Mutter hat und weil sie die erste Frau war, die Dolunays erstes Töchterchen auf den Arm genommen hat. Und auch schon während der Schwangerschaft war Omi jeden Tag für Dolunay da, Omi war Anker und Hafen, Omi hat Dolunay, wenn sie allein und verzweifelt war, an sich gedrückt und hin- und hergewiegt und ihr tröstend – was Dolunay heute noch die Tränen in die Augen treibt – „meine kleine Hexe" ins Ohr geflüstert. Später hat Omi Dolunays beide kleinen Töchter spazieren geführt oder auch umgekehrt, denn Omi wurde allmählich wirklich alt. Aber Omi war immer noch ganz schön clever: „Für sie brauchte ich nicht mal Deutsch zu lernen, denn Omi kam mir zuvor, sie hat einfach Türkisch gelernt!" Also gibt es doch Wärme und Herzlichkeit in Deutschland ...

Heute besucht Dolunay einen Deutschkurs in der Volkshochschule. Er wird vom Sozialamt bezahlt, entspricht allerdings nicht ganz dem, was Dolunay sich eigentlich gewünscht hätte: Lieber würde sie einen Intensivkurs machen, derzeit wird aber keiner angeboten. Überhaupt hat es lange gedauert, bis sowohl Deutsche als auch Türken angefangen haben einzusehen: Das Erlernen der deutschen Sprache gehört unbedingt dazu. Heute ist die Teilnahme an Deutschkursen daher für viele verpflichtend – damals aber haben die wenigsten überhaupt darüber nachgedacht. Die auf beiden Seiten – auf der der Anwerber und auf der der „Gastarbeiter" – verbreitete Idee, dass man ja ohnehin in wenigen Jahren „wieder zurückgehen" werde, wirkte sich oft hemmend aus, für die Eltern wie für die Kinder. Wenn man bald wieder zurückgeht, braucht man an seinem Deutsch natürlich nicht zu feilen. Und wenn man bald wieder zurückgeht, nimmt man auch die Kinder mit, also brauchen sie sich nicht in die letzten Finessen des deutschen Schulsystems einzuarbeiten.

Geschweige denn ein kompliziertes Studium beginnen! Zahide hatte sich längst mit Münchens Parks und Seen arrangiert, ein gutes Abitur gemacht, ihren ersten deutschen Freund geküsst – gut, das konnten die Eltern nicht ahnen, weil es ja heimlich war –, da hielten ihre Eltern noch an der Idee fest, in wenigen Jahren würde die Familie ans Schwarze Meer zurückkehren. Dementsprechend fielen sie aus allen Wolken, als Zahide ihnen eröffnete, sie wolle Jura studieren. „Die hatten eher gedacht: einen Job, allerhöchstens noch eine Ausbildung vielleicht, dann hier noch etwas Geld verdienen, und wenn der letzte die Schule abgeschlossen hat, dann zusammen zurück in die Türkei. Da waren wir schon jahrelang hier! Und als ich gesagt habe, ich will Jura studieren, hat mein Vater gesagt: Dann mach doch wenigstens Medizin, das kannst du in der Türkei auch gut gebrauchen. Was willst du mit Jura, da bist du doch aufs deutsche Recht festgelegt!" Aber Zahide blieb bei Jura. Sie ist Teilhaberin ihrer Kanzlei. Und Eltern und Geschwister leben ebenfalls noch allesamt, und vermutlich für immer, hier.

Andere Eltern hingegen haben sofort als eine der größten Chancen, die Deutschland zu bieten hatte, erkannt, dass ihre Kinder hier eine bessere schulische und sonstige Bildung bekommen konnten als in der Türkei. Ja, sie nahmen sogar selbst einige unvorhergesehene Unannehmlichkeiten in Kauf, blieben länger in Deutschland, obwohl sie längst genügend angespart hatten, damit ihre Kinder hier die Schule abschließen konnten. Die Ausbildung. Das Studium. Damit sie bekamen, was dafür halt nötig war. Manche Mutter, mancher Vater – heimwehkrank, das ersehnte Haus in der Türkei schon vorfinanziert – musste einsehen, dass sich ihr Ziel, bald wieder zurückzugehen, unter der Hand geändert hatte: weil Geld nicht das Einzige und nicht das Wichtigste war, was Deutschland zu geben hatte, und ein schönes neues Haus an der Küste des Marmarameers ihre Kinder auf Dauer weder ernähren noch glücklich machen konnte. Und eine der entscheidenden Weichen für die Ausbildungs- und Berufsmöglichkeiten, die den Töchtern (und Söhnen) später offen standen, wurde schon in den ersten Monaten gestellt. Die Wohnverhältnisse waren wichtig, das nachbarschaftliche Umfeld und der Monatslohn; aber was wohl schließlich den Ausschlag gab, war die Einstellung der Eltern zum Erlernen der Sprache Deutsch. Wenn die Eltern darauf Wert legten, hatten die Töchter später die meisten Möglichkeiten.

Es ist geradezu rührend zu hören, wie mancher fürsorgliche Papa bereits an die Zukunft der Tochter dachte, während er sich in seiner eigenen Gegenwart noch nicht einmal richtig eingerichtet hatte. „Meine Eltern haben sehr darauf geachtet, dass wir gleich richtig Deutsch lernen", erzählt Hamide, die im Alter von fünf Jahren mit ihren zwei Brüdern ins Saarland kam. Sie waren damals die einzige türkische Familie im Ort, ein 800-Seelen-Dorf, sie waren

eine richtige Sensation. „Und ich wurde dann immer los-
geschickt, um Brot und was weiß ich einzukaufen. Absicht-
lich. Denn natürlich ging das nur auf Deutsch, es gab ja
keine anderen Türken! Das war, so gesehen, ein großer
Vorteil. Schon bevor wir überhaupt ankamen, hatte mein
Vater auch lauter Deutschbücher gekauft, und obwohl er
selbst noch kaum einen Satz sagen konnte, hat er mich
jeden Abend nach der Arbeit Vokabeln abgefragt, und eine
Weile lang durften wir Kinder zu Hause nur deutsch sprechen, damit wir es schneller lernen."

Der Vater, der den ganzen Tag am Fließband arbeitete,
in einer Polsterfabrik, überprüfte dann auch noch, ob alle
Hausaufgaben gemacht waren. „Meine Eltern hatten einfach verstanden, dass Bildung die einzige Lösung ist – sie
dachten dabei übrigens auch an die Türkei, sie dachten,
wenn wir hier möglichst viel lernen, können wir uns auch
in der Türkei für die Bildung anderer Leute nützlich machen. Deswegen hat mein Vater, egal wie groß die Wohnung
war, immer darauf geachtet, dass all seine drei Kinder ein
eigenes Zimmer hatten und einen vernünftigen Schreibtisch, damit wir in Ruhe lernen konnten. Meine Eltern selbst
haben nicht halb so viel Platz gehabt in unserer Wohnung
wie wir – wenn ich überlege, wie viel Geld er allein für die
Miete ausgegeben haben muss! Im Nachhinein bin ich ihm
dafür unheimlich dankbar."

Sport sollten die drei Kinder auch machen und jeweils ein
Musikinstrument lernen – man muss sagen, Hamides Eltern hatten das deutsche Bildungsideal ganz schön schnell
durchschaut ... Trotzdem, für Hamides ältesten Bruder war
es bereits zu spät. Bis die Eltern die Einzelheiten des deutschen Schulsystems verstanden hatten, war der Bruder
schon auf der Hauptschule gelandet. Das ist Hamides El-

tern kein zweites Mal passiert. Bei den beiden jüngeren Kindern haben sie dann umso besser Acht gegeben, die sollten nämlich studieren! „Ich kann mich erinnern, wie mein Vater, als ich in der vierten Klasse war, zur Lehrerin gegangen ist und gesagt hat: Wir möchten, dass unsere Tochter einmal auf die Universität geht. So früh schon! Dass die sich überhaupt interessiert haben! Noch heute gibt es ja viele Eltern, die kümmern sich gar nicht richtig darum, das Kind kommt nicht in den Kindergarten, das Kind lernt nicht richtig Deutsch, die Lehrer sollen's irgendwie richten – aber wenn die Eltern nicht die richtige Basis legen, werden das alles Handicaps, die sich fortsetzen wie eine Laufmasche."

Dass Lehrer nicht für alles verantwortlich zu machen sind, was Kinder im Laufe ihrer Schulzeit *nicht* lernen, ist natürlich richtig; die unzähligen Anekdoten und Erinnerungen aber, was sie ihren Schülerinnen an Wertvollem mitgegeben haben, würden den Lehrern das Herz wärmen – wenn sie denn davon wüssten! Häufig aber trennen sich nach dem Schulabschluss die Wege für immer, und so bleibt die Dankbarkeit oft unausgesprochen.

Doch Schulzeit und Lehrer sind nicht vergessen. Die eine junge Frau erinnert sich, wie ihre Lehrerin sie mit zwei anderen, deutschen Schülerinnen „verkuppelt" hat: Sie sollten sich um die Neue kümmern, mit ihr Hausaufgaben machen, sich mit ihr befreunden. Eine Freundschaft entstand, die bis heute gehalten hat.

Eine andere Frau erzählt, wie engagiert und diplomatisch ihre Klassenlehrerin vorging, als das heikle Thema Klassenfahrten anstand. Höflich und diplomatisch hat die Lehrerin mit den Eltern gesprochen: „Sie wollen doch, dass Ihre Tochter bei uns auf die Schule geht und die größtmögliche Unterstützung bekommt. Und die können wir ihr nur geben, wenn sie auch alles mitmacht, Klassenfahrten gehören dazu. Und da hat mein Vater ein bisschen gegrummelt, aber nachgegeben."

Manche Lehrer haben ihre Schülerinnen, wie es eben die Aufgabe guter Lehrer ist, behutsam von eher unpassenden Berufswünschen abgebracht und ihre Aufmerksamkeit in eine andere Richtung gelenkt, wo sie, im Nachhinein betrachtet, eindeutig besser aufgehoben waren. Andere Schülerinnen musste man in ihren Entscheidungen nur ermutigen. Hamide, die selbst immer wusste, dass sie Medizin studieren wollte, wurde von ihrer Lieblingslehrerin in diesem Berufswunsch bestärkt. Bei ihr hat sie ihre Abiturprüfungen abgelegt, dank derer sie den Numerus clausus geschafft hat. Eigentlich hatte sie sich schon längst bei der alten Lehrerin bedanken wollen, aber dann ist sie ihr erst wieder begegnet, als ihr Studium schon fast beendet war.

„Frau Matthis hatte unmittelbar damit zu tun, dass ich Medizin studieren konnte. Ich hätte es zwar so oder so gemacht, aber ich hätte ansonsten mindestens ein Jahr warten müssen. Ich hatte in meiner einen Klausur nämlich nur sieben Punkte gemacht, obwohl ich da eigentlich sehr gut war, aber irgendwas war halt schief gegangen. Und da bin ich zu Frau Matthis gegangen und habe gesagt, bitte, ich möchte noch eine mündliche Prüfung ablegen. Die Möglichkeit gibt es, wenn man sehr weit unter seinen sonstigen Leistung liegt, und ich wollte es noch mal versuchen. Bei mir war es nämlich ganz knapp, ob ich den Numerus clausus auf Anhieb schaffe, und ich hatte mir das so ausgerechnet, wenn ich 12 Punkte mache, dann könnte es hinkommen. Frau Matthis aber stand kurz vor ihrer Pensionierung und sagte: Ach bitte, Hamide, tu mir das nicht an. Stell dir mal vor, das mit den 12 Punkten klappt nicht, das ist meine letzte Abiturprüfung überhaupt, und die Erinnerung muss ich immer mit mir rumtragen. Da hab ich natürlich gesagt: Aber Frau Matthis, ich muss meine Abiturnote auch mein Leben lang mit mir rumtragen, bitte geben Sie mir die Chance. Und ich habe sie gekriegt. Und es waren 15 Punkte! Frau Matthis war ja nicht die einzige Prüferin, da waren noch zwei andere Lehrer dabei, und als ich zurück in den Raum kam – die haben sich erst mal untereinander beraten –, war die Atmosphäre ein bisschen komisch, und ich war schon sehr beunruhigt. Aber da standen alle auf und haben geklatscht und haben gesagt, Sie haben 15 Punkte. Frau Matthis sagte dann, das war das schönste Geschenk, das du mir hast machen können."

Wie gesagt, Frau Matthis wurde nicht vergessen, aber anderes war wichtiger. Hamide studierte, machte das erste Staatsexamen und dann das zweite. Sie war ein Jahr im Ausland und kehrte dann in ihre Heimatstadt zurück. So begegnete sie, als sie Ärztin im Praktikum war, Frau Matthis in der Klinik wieder. Frau Matthis lag auf der Intensivstation, Hamide hatte Nachtdienst und war gar nicht darauf vorbereitet, als sie plötzlich den Namen der Lehrerin auf einer Patientenmappe sah. „Ich war völlig perplex, als ich da ankam und erfuhr, dass sie es war. Ich ging sofort zu ihr, sie erkannte mich aber nicht mehr. Man konnte ihr auch nicht mehr helfen." Und ohne, dass sie noch einmal miteinander hätten sprechen können, ist Frau Matthis in einem der nächsten von Hamides Nachtdiensten gestorben.

Jahr um Jahr sehen Lehrer ihre Schüler ziehen, denken bisweilen an sie, hören manchmal auch, wie es weiterging. Die Dankbarkeit ihnen gegenüber wird selten zum Ausdruck gebracht. Wie aber verhält es sich mit der gegenüber den Eltern? Wenn man Hamide zuhört, bekommt man den Eindruck, dass ihre Eltern ein richtiges Opfer gebracht haben.

„Vor allem mein Vater. Für ihn war es schlimm hier, er hat die Arbeit in der Fabrik nicht gerne gemacht, er wollte sparen und wollte dann wieder zurück in die Türkei. Andererseits – er wollte auch, dass wir Kinder das Beste von allem mitnehmen. Ich ging ja bereits aufs Gymnasium und mein jüngerer Bruder auch, und wir hatten sehr gute Noten. Und da haben unsere Eltern angefangen zu überlegen: Was machen wir jetzt am besten? Wir haben immer Familienrat gehalten in der Küche, alle an einem Tisch, und solche Sachen diskutiert. Ich glaube, ich war 13, als mich mein Vater gefragt hat, was willst du machen? Und ich hab gesagt: Ich will studieren. Gut, sagte er, und was? Medizin. Ich wollte immer Ärztin werden, das war mir schon von klein auf klar. Und dann hat mein Vater meinen Bruder gefragt, der wusste es zwar noch nicht so genau, der hat aber sicherheitshalber auch gesagt, Medizin. Da haben meine Eltern gesagt, wenn es so ist, dann bleiben wir hier. Für uns war das natürlich toll, aber für meine Eltern – na gut, für meine Mutter war es okay, denn sie ist ein Mensch, der mit jeder Situation gut klar kommt. Aber ich weiß, für meinen Vater war es schlimm, und das tut mir Leid, weil er darunter gelitten hat, er hat seine persönlichen Wünsche für uns aufgegeben."

Diese Dankbarkeit, die die inzwischen erwachsenen Kinder empfinden, das Wissen um solche Opfer könnte gelegentlich auch belastend sein. Doch Hamide versteht die entsprechende Nachfrage nicht, in ihren Erinnerungen klingt Bedauern mit, dass es für die Eltern hart war, doch keine Reue, dass sie selbst es war, die davon so sehr profitiert hat, weil ja alles um ihret- und des Bruders willen geschah. Schließlich waren sie nur Kinder, die Eltern hatten zu entscheiden, und am Unglücklichsein des Vaters hatten die beiden keine Schuld.

Was ja völlig richtig ist. Und doch kann es einen verwundern, wenn man Hamides ungetrübte Dankbarkeit mit den schwarzweißen Fernsehbildern vergleicht, die in den Sechzigern, Siebzigern über die Bildschirme flimmerten, mit den Filmen der damals noch relativ jungen Bundesrepublik, in denen deutsche Wirtschaftswunderväter ihren Söhnen predigten, wie schwer sie es früher hatten, für wie wenige Pfennige sie („in deinem Alter") jede Arbeit angenommen hätten, wie mühsam sie selbst von ganz unten angefangen hätten. „Was habe ich mich krumm gelegt – und alles, damit du es einmal besser hast!"

Nichts von solchen kleinen Erpressungen zwischen den Generationen lässt sich in den Berichten Hamides oder Zahides wiederfinden oder in denen von Frauen mit vergleichbarer Herkunft und heutiger Situation. Ob die heute erwachsenen Töchter sie nun aus Höflichkeit verschweigen, ob sie auch vor sich selbst keine andere Seite der Medaille „Dankbarkeit" sehen möchten, oder ob sich das Problem tatsächlich gar nicht stellt?

Nur manchmal wird man beobachten, dass der Ehrgeiz der Eltern Spuren hinterlassen hat. Schon zum Zeitpunkt ihres Abiturs war die weitere Lebensplanung mancher jungen Frau mit einer großen Hypothek belastet: Es ist nicht immer einfach, wenn man sich mit einer Unzahl in der Familie bisher nie da gewesener, neu eröffneter Möglichkeiten konfrontiert sieht, und dem Gefühl einer Verpflichtung, auch ja das meiste daraus zu machen! „Eigentlich bin ich kein ängstlicher Mensch – überall bin ich alleine rumgereist – bis auf eines: Ich hab diese unglaubliche Versagensangst", erzählt eine Frau, die auch ursprünglich Ärztin werden wollte, später aber gemerkt hat, dass sie als Barkeeperin viel glücklicher ist. „Ich hab immer so eine ganz hohe Erwartung an mich, schon immer gehabt, eine ganz hoch gehängte Messlatte. Mein Studium hab ich abgebrochen, und ich glaube sogar, das kam genau daher. Ich stand mir wirklich selber im Weg! Weißt du, wenn du aus so ner richtigen Gastarbeiterfamilie kommt, ist das schon eine neue Welt, diese Uni, ein Sprung ins kalte Wasser. Mir hat ja niemand gesagt, du *musst* studieren, aber ich wollte, ich wollte unbedingt. Und die Beste sein, und alles richtig machen. Ich war fast immer Klassenbeste gewesen, so sollte es weitergehen, da war schon eine ganz schöne Fallhöhe drin, das ist halt ein bisschen der Preis."

Aber statt alles sofort richtig zu machen, und zwar als Beste, musste diese Frau nach dem Abitur erst einmal lernen, in einer fremden Stadt klar zu kommen, sich im Studentenwohnheim zurechtzufinden, selbstständig den Tag zu organisieren und mit Liebeskummer und Lehrbüchern zu kämpfen – solche mühseligen Kleinigkeiten des Erwachsenenlebens sind bei einer ganz hohen Messlatte natürlich nicht vorgesehen. Und plötzlich sieht man sich der Demütigung ausgesetzt, hinter den Erwartungen zurückzubleiben, die man sich – ermutigt von wohlmeinenden anderen, deren Unterstützung man bereits so viel verdankt – aufgebaut hat.

Eine Demütigung erfährt man übrigens auch, wenn man *nicht* aus einer klassischen Gastarbeiterfamilie kommt – aber plötzlich das Leben einer solchen führen muss. „Wir kommen ursprünglich sozusagen aus der Mittelschicht, mein Vater hat mehrere Konditoreien gehabt, besaß zusätzliche Grundstücke und hat mit Baumwolle gehandelt. Aber als ich acht war, ging er Konkurs, irgendwie ging alles verloren, und er hat sich erkundigt, welche Möglichkeiten es in Deutschland gibt. Damals wurden Leute in der Metallindustrie gesucht, davon hat er erst mal nicht viel verstanden, aber er hat sich schnell umschulen lassen. Ja, und dann sind wir los, eigentlich mit dem Vorsatz, genug zu verdienen, um die Schulden abbezahlen zu können. Und das ist nicht so toll, wenn man einen bestimmten Lebensstandard gewöhnt ist; es ist auch für den Stolz eine gewisse Kränkung. Die anderen haben immer gesagt, och, die Armen, die müssen jetzt nach Deutschland – das war nichts Positives! In unserem Umfeld war das keine Chance, sondern nur etwas für Leute, die wirklich arm waren. Und für meine Mutter – zu Hause hatte sie nie arbeiten müssen, sie hatte ihre Freundinnen, die haben ein ganz schönes Leben geführt, und dann musste sie als Akkordarbeiterin anfangen, in derselben Firma wie mein Vater. Wir haben etwas bescheidener gelebt, damit das Geld möglichst schnell zusammen kommt. Und für mich... In der Türkei war ich immer eine richtig gute Schülerin gewesen, und plötzlich verstand ich gar nichts mehr, ich konnte noch kein Deutsch, das hat mich wahnsinnig geärgert! Ich wurde sogar zuerst mal zurückgestuft, und bis wir das raushatten mit dem Gymnasium und allem."

Die Frau, die dies erzählt, hat inzwischen mit ihrem Mann ein eigenes Geschäft für Kinderschuhe aufgemacht, mit Filialen in vier verschiedenen Großstädten. Sie trägt Kleider, die von der Modefirma ihrer Schwester hergestellt werden, an den Wänden hängen Drucke zeitgenössischer deutscher und französischer Künstler, auf die sie diverse Galeristen-Freunde aufmerksam gemacht haben, und ihre Eltern sind längst schuldenfrei und leben in einem geräumigen Haus in der Nähe von Izmir. Aber man merkt, ein kleiner Rest dieses Stachels steckt immer noch ... zumal sich diese Geschichte der Demütigung bisweilen wiederholt – sozusagen spiegelbildlich: „Wir waren im Urlaub in einer schönen, modernen Hotelanlage bei Izmir, da hat uns eine andere Familie angesprochen, woher wir denn kommen. Die waren total verwundert, weil die Türken in der Türkei ja von den Türken in Deutschland auch so allerlei Vorstellungen habe, die denken, dass wir hier alle mit Kopftuch rumlaufen, ungefähr. Und von uns dachten sie halt erst mal, weil wir so modisch gekleidet sind und alles, dass wir aus Istanbul kommen oder aus Izmir, aus einer modernen türkischen Großstadt halt – bis sie dann gehört haben, wie die Kinder miteinander Deutsch gesprochen haben. Das haben diese Leute nicht kapiert, also haben sie uns gefragt, und wir haben gesagt, ja, klar, wir sind aus Deutschland. Die armen Deutschländer, denken ja viele Türken in der Türkei, diese Almancılar, das ist ja etwas Negatives in der Türkei, die müssen bedauert werden! Und sie haben gefragt, ob es uns denn in Deutschland gefällt. Ja, uns gefällt es sehr gut in Deutschland, wir leben da gut, haben wir geantwortet. Da haben sie wieder gestaunt, weil sie dachten, hier gibt es nur unterdrückte Arbeiter, die haben alle Heimweh. Ich musste denen erst mal erklären, dass es hier auch viele Leute gibt, die studiert haben, die selbstständig sind, Ärzte, Ingenieure, dass hier nicht jeder Türke in der Fabrik arbeitet!" Mit Schnurrbart und abgetragenem Anzug vor dem Werkstor – das ist das Bild, das sich nicht nur bei vielen Deutschen, sondern auch bei vielen Türkei-Türken gehalten hat.

Zeit der Heimlichkeiten

Deutsch zu lernen, den Sportunterricht zu besuchen, für Klassenarbeiten zu büffeln im Hinblick auf eine spätere Ausbildung oder ein Studium – all das war für Mädchen wie Zahide und Hamide selbstverständlich. Wie überraschend musste es für sie sein, als sich die Eltern, die sich bisher so vehement für die Bildung und die Selbstständigkeit ihrer Töchter ins Zeug gelegt hatten, plötzlich von einer ganz anderen Seite zeigten: von der besorgten Seite nämlich. Ihre Töchter, inzwischen in die Pubertät gekommen, mussten auf alle möglichen Gefahren, die ihnen seitens der Männerwelt drohen mochten, hingewiesen, vor eigenen sittlichen Entgleisungen behütet werden.

Wo es in den Kinderjahren nur Ermutigung gab, gab es in der Pubertät plötzlich Schranken und Verbote. Mit einem solchen Kurswechsel muss man erst einmal umgehen lernen. „Meine Eltern haben immer darauf bestanden, dass ich ein ordentliches Handwerk lerne oder studiere, wenn ich den Grips dazu habe", erzählt eine geborene Offenbacherin, die später auch tatsächlich den nötigen „Grips" bewies und heute Fachärztin für Kinderheilkunde ist. „Das wäre meinen Eltern nie in den Sinn gekommen, dass ich zum Beispiel heirate und mich dann von einem Mann ernähren lasse, meine Selbstständigkeit war ihnen sehr wichtig. Mein Vater hat immer gesagt, du kannst später mal heiraten, wen du willst, da werde ich dir nicht reinreden, aber ich bestehe darauf, dass du einen vernünftigen Beruf erlernst. Ja, und dann hat er mir zwar nicht beim Heiraten reingeredet, aber

lauter Reglementierungen gab es vorher schon! Zum Beispiel, wenn es hieß Partys, dann sagte er: Aber um zehn
musst du wieder zu Hause sein. Das ging noch so, bis ich
schon 18, 19 war! Das war mir immer unglaublich peinlich,
denn ich wurde abgeholt, und um zehn ging ja die Party
erst richtig los. Da habe ich von mir aus gesagt, nee, da will
ich lieber gar nicht hingehen."

Ganz schön geschickt, dieser Vater, der seiner Tochter
nicht direkt etwas verbieten, sondern sich entgegenkommend zeigen will! Statt grob „nein" zu sagen, bietet er einen
Kompromiss an, der für die Tochter allerdings so unprakti-
kabel ist, dass sie lieber gleich zurücksteckt. Derselbe Vater
aber – der sich sicher auch nicht ganz wohl fühlte in seiner
Rolle als Spielverderber und Gesetzeshüter – hat seiner
Tochter in einer ähnlichen Sache später die Tür geöffnet.
„Ich durfte nie in die Disco, bis plötzlich mein Bruder alt
genug war, um in die Disco zu gehen. Ich wäre gar nicht
auf die Idee gekommen, aber mein Vater fing plötzlich damit an und fragte meinen Bruder, als der sich zurecht
machte: Willst du nicht deine Schwester mit in die Disco
nehmen? Das hat mein Bruder dann getan – aber das war
wiederum ihm sehr peinlich. Immer die größere Schwester
dabei! Obwohl es eigentlich nichts Ungewöhnliches war.
Irgendwie kamen alle meine Freundinnen dann mit ihren
Brüdern mit oder, wenn die selbst keinen Bruder hatten,
dann zum Beispiel mit mir und meinem Bruder, da haben
die sich einfach drangehängt, und der jeweilige Vater wusste dann, ach, den kennen wir, da darf sie mit."

In dieser Logik des Behütens und Beschützens spielen,
man kann es gar nicht übersehen, Männer sämtliche Haupt-
rollen: Der jüngere Bruder bietet Sicherheit – wovor? Vor
der Begegnung mit anderen, Böses oder wenigstens Sexuel-
les im Sinne habenden Männern. Während die Mutter zu-

mindest in der Erinnerung meistens im Hintergrund steht und den Vater von dort aus mal bestärkt, mal besänftigt, mal schweigt, übernimmt dieser den unliebsamen Patriarchen-Part. Fast scheint es allerdings, als sei es manchen Vätern nur wichtig gewesen, einmal ihre Sorgen zum Ausdruck gebracht, ihre Position markiert zu haben; und wenn die sittliche Welt dann nicht zusammengebrochen ist, können beide Seiten wieder aufatmen.

Die erste Verblüffung der Tochter, den Vater plötzlich von einer neuen, strengen Seite kennen zu lernen, wird nämlich von einer zweiten abgelöst, wie leicht dieser Vater doch zufrieden zu stellen ist: „Mit 14, 15 Jahren versteht man einfach nicht, warum da plötzlich etwas nicht so sein darf wie bei allen anderen auch. Der Minirock zum Beispiel. Als ich 15 war, kam er groß in Mode, aber mein Vater hat gesagt, das erlaub ich dir nicht. Meine Mutter hatte zwar alle meine Miniröcke selbst genäht, aber mein Vater fand die schlimm und hat gesagt, die sind viel zu kurz. Gut, sagte meine Mutter, dann lass ich ein Stück Saum raus. Das hat sie nie gemacht, den Saum rauslassen, aber damit war die Sache gegessen."

Ähnlich wenig konsequent hat der Vater eines anderen Teenagers seine Position vertreten, als es um die erste Klassenfahrt ging: „Als ich das erste Mal zu einer Klassenfahrt wollte, hat er erst mal gesagt: In der Umgebung geht kein einziges Mädchen zur Klassenfahrt. Wieso willst du da unbedingt hin? Ich wollte aber nun mal, und habe mich auch geweigert, plötzlich ‚krank' zu werden, wie das die anderen so gemacht haben – am Tag der Abreise waren sie dann plötzlich krank. Ich habe also die Lehrerin gebeten, mal mit meinen Eltern zu reden, und das hat sie auch gemacht. Sie hat ihm erklärt, warum Klassenfahrten wichtig sind, dass das zu der Erziehung und dem Schulsystem dazugehört.

Wenn es unbedingt sein muss, hat mein Vater gesagt, dann geh halt. Aber meinen Segen hast du nicht! – Das musste er schon noch dazu sagen. Ich habe es trotzdem gemacht. Als es dann das erste Mal gut gegangen war, war es für ihn auch okay, von da an hat er mich immer zum Bus gebracht und wieder abgeholt, das war kein Thema mehr. Nur beim ersten Mal war es so eine große Sache."

Man könnte ja meinen, von da ab sei das Thema Klassenfahrten insgesamt erledigt gewesen, aber so war es nun auch nicht. Bei der jüngeren Schwester gingen die ganzen Befürchtungen und Vorhaltungen, das Sich-Sträuben und das Nachgeben wieder von vorne los. Mit dem Unterschied bloß, dass die Schwester es nicht über sich gebracht hat, ohne den „Segen" des Vaters auch tatsächlich wegzufahren. „Die hatte am Sonntagnachmittag ihre Koffer gepackt und alles, aber in der letzten Minute hat sie dann am Montagmorgen gesagt, nee, ich geh doch nicht, wenn die mich so unter Druck setzen. Und ich kam nachmittags aus der Schule nach Hause und sah, wie sie ihren Koffer wieder auspackt, da hab ich ihr gesagt, du bist doch blöde, guck mal, bei mir haben sie das am Anfang auch gesagt, und ich bin immer gefahren, und nie ist irgendwas passiert. Aber gut, meine Schwester ist halt ein anderer Typ. Ich habe meine Eltern zu vielen Sachen gezwungen, das ist klar, ich hatte es da zwar nicht einfacher als andere Mädchen in meiner Umgebung, aber ich hatte schon immer viel Durchsetzungsvermögen. Und ich bin da auch nicht auf Konfrontation gegangen, sondern habe das mit viel Liebe gemacht: Och, Papa, bitte, ich will doch unbedingt, ich möchte auch gehen, meine Freundinnen gehen doch auch alle ..."

Und manches Mal stellt sich gar heraus, dass auch der Vater nicht unbedingt nach seinen eigenen Vorstellungen handelt, sondern danach, wie andere, die seine Tochter sehen, deren Eltern beurteilen könnten. Seine Sorge ist weniger, dass der Tochter etwas passiert oder sie etwas anstellt, sondern vielmehr, wie über ihn und seine Familie gesprochen wird. „Einmal sind wir nach Berlin gefahren, und in Berlin haben wir ganz viele Verwandte, und da sagte mein Vater: Gib bloß Acht, dass du unseren Verwandten nicht begegnest. Das heißt, es sollte von denen keiner wissen, dass ich auf Klassenfahrt war, weil er Angst hatte, was die sonst sagen. Ihm selbst war es inzwischen recht, aber ich glaube, meine Verwandten wissen bis heute nicht, dass ich damals ganz in ihrer Nähe war!"

Der Vorteil an der ganzen Sache ist: Es geht um Diplomatie, und Diplomatie lässt beiden Seiten Spielräume. Die Sozialpädagogin und Orientalistin Gaby Straßburger merkte bei ihrer Arbeit zu einem zugegebenermaßen etwas anderen Thema, dem der arrangierten Eheschließung nämlich, an, dass es falsch sei anzunehmen, zwischen Familienorientierung und Selbstbestimmung bestehe ein unvereinbarer Gegensatz. Töchter türkischer Eltern, die diese vor einer Heirat nach der Meinung fragen, sind nicht weniger autonom, nicht weniger selbstständig als deutsche Mädchen desselben Alters; sie gehen nur einen in deutschen Familien eher unüblichen Weg. Ihr Um-Rat-Fragen bedeutet nicht, dass ihre Entscheidungen von den Eltern diktiert werden, sondern zunächst einmal nur, dass sie sich bereit zeigen, die Wünsche ihrer Eltern mit einzubeziehen, dass das Ergebnis der Familie gefallen oder zumindest vermittelbar sein soll, dass länger hin- und herdiskutiert wird, damit alle nachher das Gefühl haben können, es sei ein gemeinsamer Kompromiss gefunden worden.

Straßburger konnte sehen, wie beim Abwägen möglicher Heiratskandidaten „mittels diplomatischer Umgangsformen ... und einer subtilen Form der Kommunikation, bei der die Beteiligten ihre Wünsche nicht direkt äußern, sondern durch Andeutungen zu verstehen geben, Familien gemeinsam eine Entscheidung treffen können, die von allen Mitgliedern getragen wird". Und so verfahren nach Straßburgers Beobachtung auch die jungen Frauen, bei denen tatsächlich gar nichts mehr zu arrangieren ist, weil ihre Wahl schon feststeht, so dass also der „Kompromiss", der nachher herauskommt, gar keiner ist! „Statt zu betonen, dass sie ihre Entscheidung schon unabhängig getroffen hatten, versuchten sie, die selbst organisierte Partnerwahl in eine Form zu kleiden, die aus dem Handlungsrepertoire arrangierter Eheschließungen stammt."

Dieselben Alternativen stehen dem Mädchen zur Verfügung, das den besorgten Vater auf eine bevorstehende Klassenfahrt ansprechen will. „Ich will da unbedingt hin", kann sie natürlich sagen, „das kannst du mir gar nicht verbieten." Genauso gut, oder sogar besser, könnte sie es anders formulieren: „Ich würde gerne, und was meinst du?" Letzteres zieht die Tochter vor, die „nicht auf Konfrontation" geht, sondern ein bisschen auf kleines Mädchen macht und – „Och, Papa" – bettelt. Wenn er der Klassenfahrt nun „grummelnd" zustimmt, ist das eine ganz andere, viel harmonischere Art von Zustimmung, als wenn er vor der Lehrerin schlicht hätte kapitulieren müssen.

Der Selbstwahrnehmung der Tochter, eine durchsetzungsfähige Persönlichkeit zu sein, tut das keinen Abbruch. Und über gewisse Meinungsverschiedenheiten hinweg, was Klassenfahrten und damit einhergehende Vergnügungen, Zubettgehzeiten und etwaige Pyjamapartys angeht, wird das neue Band zwischen dem Vater und der jetzt jugendlichen Tochter gestärkt: Indem sie dem Vater signalisiert, dass er das berühmte Wörtchen mitzureden hat, gibt sie ihm auch die Möglichkeit, ihr einen Wunsch zu erfüllen. Welcher Vater lässt sich dazu nicht gerne erweichen? Bei einem Haustyrannen braucht es natürlich andere Methoden, aber hier geht es schließlich nicht um einzelne Väter, die ihre Töchter schikanieren wollen, sondern um den Normalfall derer, die ihre Töchter lieben: Diesem Vater einen Kompromiss anbieten, bei dem er eine gewisse Autorität behält, sich aber auch als liebender Vater beweisen kann, ist ein Erfolg versprechender Weg.

Wenn die Verhandelbarkeit also einige Vorteile bietet, so birgt sie doch auch ein Risiko. Die ganze Sache mit den Klassenfahrten, Discos, Kinos und Partys hat nämlich einen Haken: Hinter dem Widerstreben der Väter steht die Befürchtung, dort geschehe etwas „mit Jungs". Die Töchter wiegeln ab, dem sei nicht so. Kichern, spät zu Bett gehen, Pyjamas tragen, tanzen und Schlittschuh laufen kann man natürlich auch ohne das andere Geschlecht, das ist ja wohl klar.

Aber wofür interessieren sich Mädchen in dem Alter, und was macht denn den größten Spaß bei solchen Gemeinschaftsaktivitäten aus? Zu einem gewissen Teil zumindest die Anwesenheit von – oder in deren Abwesenheit das Sprechen über – „Jungs". Wenn die Tochter mit dem Vater einen Deal aushandelt mit dem Argument, er solle ihr gefälligst „vertrauen", sie werde also nichts mit einem Jungen anfangen, kann es sein, dass sie später dieses Vertrauen missbrauchen wird, weil sie sich nämlich plötzlich für einen Klassenkameraden interessiert – und zwar mehr, als den gemeinsamen Hausaufgaben, die gerne vorgeschoben werden, zuträglich ist. Während sie sich ärgert, dass der Vater so stark kontrolliert, tut sie in der Tat einiges, was er ansonsten verbieten würde, und während er ihr doch angeblich vertrauen kann, schummelt sie, sie hintergeht ihn, lügt.

Irgendwann kommt das natürlich heraus. „Ich hatte so Pech, meine Eltern haben nämlich doch immer alles mitgekriegt. Mit 17, 18 hatte ich einen Freund, der hat ein bisschen entfernt gewohnt, und meine Mutter hat diesen blöden Brief abgefangen."

Die mittlerweile längst erwachsene Empfängerin dieses Briefes rollt bei der Erinnerung noch heute entsetzt die Augen; dabei muss es, wie sich im Weiteren herausstellt, ein außergewöhnlicher netter und offenherziger Brief gewesen sein, insbesondere auch in seiner Ausführlichkeit. Was damals aber niemand zu schätzen wusste, weder die, für deren Augen er ursprünglich gedacht war, noch die, die ihn tatsächlich geöffnet und mit *ihren* Argusaugen geprüft hat. Und während sich die Adressatin geradezu schüttelt, wenn sie von dem sich an jenem düsteren Nachmittag in Gang setzenden Drama berichtet, ist es für uns, die wir nicht dabei waren, eigentlich das Ärgerlichste, dass wir nie wissen werden, was denn nun genau drin stand in diesem „blöden" Brief.

„Ausgerechnet an dem Tag war meine Mutter ein einziges Mal früher als ich zu Hause, und da hat sie den Brief aufgemacht, und dieser Brief war voller..." Wie gesagt, ausgerechnet das erfahren wir leider nicht, denn hier bricht die junge Frau mit ihrem falschen Gefühl für Diskretion den Satz vorzeitig ab. „Und, oh Gott, das war wirklich hart, da musste ich Stellung beziehen. Und das fand ich nicht nett, was der da alles geschrieben hat, im Endeffekt war ich sauer auf den Kerl, der hat so viele Details geschrieben" – wenn man doch endlich wüsste, welche! –, „das musste ja nicht sein, da hätte man sich genauso gut telefonisch drüber unterhalten können!"

Auch das ist eine entzückende Vorstellung, wie die Details, die schriftlich so kompromittierend waren, an dem einzigen Telefonapparat im Wohnungsflur einer fünfköpfigen Familie hätten problemlos besprochen werden können. Unsere Freundin ist da aber ganz zuversichtlich: „Ach, das wäre schon gegangen, das mit dem Telefonieren haben die nämlich nicht gemerkt, da hätte ich halt mit einer Freundin gesprochen. Geflunkert hat man ja schon. Nach diesem Brief war mein Vater sehr sauer, hat sich dann aber schnell wieder beruhigt. Mein Vater wollte, glaube ich, auch vieles nicht wissen, und das war auch gut so."

In dieser Grauzone fühlen sich beide Seiten am wohlsten. Vielleicht kann man sogar davon ausgehen, dass die Elterngeneration durchaus weiß, dass das geforderte „Vertrauen" einige unentdeckte „Flunkereien" miteinschließt – schließlich waren sie selbst einmal jung, und für die probeweise Grenzüberschreitung ist Pubertät nun einmal da. Ein unausgesprochener Pakt zwischen den Generationen, der ja auch zwischen deutsch-deutschen Eltern und Töchtern gilt, und auch dort vor allem für die Töchter. Denn den Söhnen, heißt es, kann ja nicht so viel „passieren" – was auch immer „passieren" bedeuten mag.

Ärgerlich sind also die Ereignisse, die einen zwingen, aus der Grauzone aufzutauchen. Drastische Ereignisse, die sich nicht verbergen lassen, so dass die Eltern dann dumm da stehen oder gar Außenstehende etwas mitbekommen. Insbesondere wenn wirklich „etwas" passiert ist – Sex. Welche Art von Sex allerdings in diesem Kontext als Sex gilt, ist ein gut gewahrtes Geheimnis. Nursen Aktaş von der Beratungsstelle pro familia in Berlin rät jungen türkisch-deutschen Mädchen, im Zweifelsfall Formen von Sex zu praktizieren, die ohne Koitus auskommen. Knutschen, Petting, Angezogen-Bleiben vermeidet Schwangerschaften, Aids und

Ärger mit den Eltern gleichermaßen. Nun ist natürlich der Gedanke, dass im Intimbereich ihrer Töchter überhaupt irgendwas geschieht, den meisten Eltern nicht besonders angenehm. Aber in vielen Fällen kann man die für beide Seiten schützende Grauzone ja darauf ausdehnen.

Und auch diese Unterscheidung zwischen „Sex" und „Sex" ist nicht so pharisäerhaft, oder jedenfalls nicht so unüblich, wie es auf den ersten Blick aussehen mag. Man denke nur an die Debatten, die auch manche deutsche Partner und Partnerinnen darüber führen, ab wann genau Untreue tatsächlich Untreue bedeutet und mit welcher exakten Praxis der Ehebruch als vollzogen gilt. Oder man denke daran, wie eine Freundin scherzend die andere (nämlich die mit dem Schlafdefizit und dem frischen Knutschfleck) fragt: Na, jetzt sag schon, wie weit seid ihr gegangen?

Egal, wie weit: Die Zuneigung mag dieselbe sein, die Lust auch. Und doch macht dieses kleine Stückchen körperlichen Wegs, das zwei Menschen miteinander (nicht) gegangen sind, für viele einen wesentlichen Unterschied.

Oder hätte man doch einfach alle Karten offen auf den Tisch legen und das Spiel der Heimlichtuerei von vornherein nicht mitspielen sollen? „Wenn ich mir das mal so überleg, wie ich das gemacht habe", erzählt eine Apothekerin und Mutter von drei Kindern im vorbildlichen Abstand von neun, sechs und drei Jahren, „da denke ich manchmal, ich war schon schön blöd. Ich habe meinen Mann nämlich kennen gelernt, da war ich gerade im dritten Semester. Ziemlich am Anfang des Studiums also. Wir haben zusammen gelernt, wir sind zusammen in die Mensa, er war mein erster richtiger Freund. Ich wohnte noch zu Hause; und an der Uni, das war mein erstes Stück unkontrolliertes Leben überhaupt. Wir haben uns heimlich getroffen, jahrelang, denn meine Eltern haben immer gesagt, zuerst schließt du dein Studium ab, dann kannst du einen Mann kennen lernen. Also hab ich das Studium ganz schnell abgeschlossen. Auch wieder blöd! Statt diese Zeit der Freiheit mal zu genießen! Aber ich wollte ja ganz schnell heiraten. Dann kam das erste Kind, und so ging es immer weiter. Im Nachhinein denke ich, ich hätte mal besser in ein Studentenwohnheim gehen sollen. Alleine leben sollen, schauen, was es so alles gibt! Jetzt ist es so, dass ich noch nie alleine gelebt habe, kein einziges Jahr, und ich komm sowieso gar nicht mehr raus, zwischen Kindergarten und Haushalt oder der Apotheke. Und man fragt sich doch wirklich, wieso hab ich meinen Eltern nicht mehr entgegengesetzt? Die haben ja nicht gedroht, mit Schlägen oder Strafe oder kein Geld oder so. Das war nicht diese Sorte Angst. Das war einfach eine ganz starke Form von Unselbstständigkeit, ich hätte mich einfach nicht getraut auszuziehen oder was zu machen, womit die nicht einverstanden sind. Wäre mir nicht mal in den Sinn gekommen!"

Und während sie selbst brav auf der vorgesehenen Spur blieb, musste sie mit Erstaunen beobachten, wie ihre jüngere Schwester die Dinge von Anfang an anders anpackte. „Und jetzt nimm mal meine jüngere Schwester. Meine Schwester hat seit zehn Jahren einen deutschen Freund, die leben auch zusammen, unverheiratet. Meine Eltern fanden es zwar nicht toll, aber da konnten sie gar nichts machen. So ist meine Schwester halt. Allein wie sie den meinen Eltern vorgestellt hat! Eines Tages hat sie gesagt, ich hab jetzt einen Freund, den bringe ich nächstes Mal mit. Da hab ich gesagt, ja bist du denn verrückt? Aber es war ihr völlig egal. Also hat ihr Freund auch bei uns zu Hause übernachtet, in einem anderen Zimmer allerdings. Was für eine Doppelmoral! Meine Eltern wussten natürlich ganz genau, dass sie zusammen leben. Aber mein Vater hat es auch nie über sich gebracht, seinen Nachbarn die Wahrheit zu sagen. Er hat es immer so formuliert, das sei ein Arbeitskollege meiner Schwester."

Erst jetzt, nachdem sie das bereits zehn Jahre lang durchgezogen hat, scheint die jüngere Schwester zum ersten Mal einzulenken: Sie und ihr deutscher Freund wollen heiraten, dann gibt es endlich Frieden im Elternhaus. Die Ältere hingegen fragt sich immer öfter: „Wenn ich das sehe, denke ich, da hätte ich doch auch ein bisschen mehr wagen können. Man hätte mutiger sein sollen – was soll denn eigentlich passieren?"

Schauen wir uns zum Abschluss noch an, wie ein Vater seine Tochter auf schöne Weise in ihr (unverheiratetes) Erwachsenenleben entlässt – und hören wir davor noch die weniger schöne Geschichte einer Frau, deren Eltern in ihrer Angst, es ihrer Umgebung nicht recht zu machen, über das Wohl ihres Kindes hinweggegangen sind. „Bei uns war immer alles ganz modern", berichtet Zafer. „Mein Vater auch. Meine Tochter darf alles, hieß es immer – und dann, wie über Nacht: Wie, du willst nach Frankreich mit der Klasse? Du nicht! Und Sport war plötzlich tabu, wenn die Uhrzeiten nach 21 Uhr waren, dann musste der Trainer kommen und mich abholen. Das Problem mit meinen Eltern ist aber, das muss ich ihnen inzwischen ehrlich zugestehen: Sie selber waren das nicht. Es ging nicht von ihnen aus, sondern sie haben sich ständig beeinflussen lassen. Und das geht bis heute noch so! Meine Eltern leiden wirklich darunter, dass wir nicht so leben wie ihr Umfeld. Das ist für sie nicht einfach. Und darum haben sie auch das, was sie uns Mädchen damals zugestanden haben, langsam wieder zurückgenommen, vor allem, wenn ein paar Wochen hintereinander

Besuch aus der Türkei kam. Vor denen wollten sie nicht schlecht dastehen, Kulturverfall oder so etwas! Und dann neulich die Überraschung: Eine Verwandte war bei meinen Eltern zu Besuch, und da kam plötzlich das Gespräch auf meine Heirat. Dabei ist es, wenn ich bei meinen Eltern bin, so: Sie sprechen nicht drüber, und ich sprech nicht drüber. Und diese Verwandte, die hat sich plötzlich ein Herz gefasst und direkt gefragt: Jetzt sagt doch mal, wie war denn das damals mit Zafers Heirat?"

Welche Heirat überhaupt? Zafer, die Frau, die da plötzlich von einer früheren Ehe spricht, hat vorhin noch von einem kürzlich verabschiedeten Ex-Freund erzählt; zusammen mit einer befreundeten Lehrerin teilt sie sich eine geräumige Altbauwohnung, beide haben keine Kinder. Und es deutet nichts darauf hin, dass eine von beiden, mit gut vierzig Jahren, große Ambitionen zu einer Eheschließung oder Lust auf das Familienprojekt hat. „Habe ich auch nicht. Und das alles ist ewig her, fast dreißig Jahre. Ich war fünfzehn. In dem Alter gibt es natürlich noch keine standesamtliche Heirat, und so wurde die Eheschließung nur traditionell vorgenommen, mit Hilfe eines Imams. Die ganze Sache kam überhaupt nur durch ein Missverständnis zustande. Ich war mit einem Mann Kaffee trinken in Freiburg, zwei Mal, was dann so gedeutet wurde, dass ich ihn heiraten möchte. Dabei haben wir uns nur unterhalten, er war als politischer Flüchtling nach Deutschland gekommen, und mich hat der Hintergrund einfach interessiert. Aber seine Familie meinte, wer mit unserem Sohn Kaffee trinken geht, der möchte ihn auch heiraten, und meine Eltern waren irgendwie ziemlich kopflos und haben mich dazu gedrängt. Und dann habe ich das halt mitgemacht. Ich wollte nämlich mein Abitur machen, und die einzige Alternative wäre gewesen abzuhauen. Da gab es keine Diskussion mehr. Mein Bruder, der schon immer so aufmüpfige Ideen hatte, im positiven Sinne, der hat sogar angeboten, er würde mitkommen, dass wir beide abhauen. Aber dazu war ich nicht bereit, das schien mir zu kompliziert, eben auch wegen dem Abitur."

Die Ehe hat mehr recht als schlecht drei Jahre gehalten. Zafer und ihr politischer Flüchtling verstanden sich überhaupt nicht. Außer dem, was sie beim ersten und beim zweiten Kaffee bereits ausgetauscht hatten, hatten sich die beiden nichts zu sagen, sie kamen aus verschiedenen Welten und wollten auch jeweils ganz woanders hin. Zafers Eltern waren furchtbar gekränkt und verärgert, als sich die Tochter von ihrem Mann trennte. Und gekränkt und verärgert war die Tochter dann auch. Ein paar Jahre hatten Eltern und Tochter keinen Kontakt, dann haben sie sich langsam wieder angenähert, ohne das heikle Thema je zu berühren.

„Und jetzt, im Nachhinein", sagt Zafer, „versteh ich langsam, was für ein Druck auf denen gelastet hat." Als die Verwandte die Rede auf diese verkorkste Heirat gebracht hat, kam nämlich heraus: „Damals haben offenbar alle möglichen Leute auf meine Eltern eingeredet. Eigentlich wollten sie gar nicht, dass ich den heirate, hat meine Mutter sogar zugegeben! Aber die anderen haben gesagt, Zafer wird ja nie wieder einen Mann finden, vermutlich ist sie auch gar keine Jungfrau mehr. Und davon hat sich mein Vater beeinflussen lassen, das erfahre ich erst jetzt! Ich hatte mich ohnehin immer gewundert, denn eigentlich hat das damals gar nicht zu meinem Vater gepasst, der wollte immer, dass ich unabhängig bin. Und meine Mutter, die hatte sogar immer gesagt: Und nie nimmst du einen Türken! Du lebst dein Leben! Sie meinte, wenn man etwas erreichen will, dann darf man keine Kinder bekommen. Meine Mutter hat gesagt, ein türkischer Mann, der macht das nicht mit, bis zu einem bestimmten Punkt schon, aber dann ist Schluss. – Und das ist dieselbe Frau, die sich dann so hat verrückt machen lassen, dass sie mitgemacht hat bei dieser Heirat!"

Jetzt, fast dreißig Jahre später, beobachtet Zafer bei jedem Besuch, wie die Eltern älter werden und, obwohl sie früher viele deutsche und türkische Bekannte hatten, zunehmend isoliert sind. „Ich weiß nicht, woher das kommt. Vielleicht von der Pensionierung, die sitzen jetzt immer zu Hause und schauen türkisches Fernsehen, das hätten sie früher nie gemacht. Ihr Deutsch wird dadurch immer schlechter. Und inzwischen bin ich auch mal in ihrem Dorf gewesen, das war viele Jahre, nachdem ich erwachsen war, und hab gesehen, wo sie herkamen. Da hab ich auch gedacht: Mein Gott, was für ein Unterschied. Kein Wunder, dass sie Angst hatten, dass die Welt ihrer Kinder aus den Fugen gerät. Man will einfach nicht die ganze Kontrolle verlieren, wenn man aus einer ganz anderen Welt kommt, das ist normal."

Und hier noch das versprochene Beispiel von Hamide – die immer schon wusste, dass sie Medizin studieren wollte. Deren Eltern zum Familiengericht geladen und beschlossen haben, in Deutschland zu bleiben, der Kinder willen. Die dank Frau Matthis den Numerus clausus sofort geschafft und einen Studienplatz bekommen hat – allerdings im entfernten Hamburg, wo sie niemanden kannte, nicht in Saarbrücken, wo sie weiterhin bei den Eltern hätte wohnen können. „Als der Brief mit dieser Nachricht kam, sagte mein Vater: Toll! Und ich: Aber da bin ich doch so weit weg von zu Hause. Ich war noch nie weggewesen! Er: Macht nichts, du wolltest studieren, wenn das nun mal der einzige Studienplatz ist, den sie haben, dann ist es halt so.

Ich habe einen Platz im Studentenwohnheim bekommen, meine Eltern kamen mit, wir hatten alle Sachen mit dabei und so. Und wir kommen da in den Flur rein, und am Schwarzen Brett hängt unübersehbar ein Zettel: Studienplatztausch. Biete Saarbrücken, suche Hamburg. Das war ja genau, was ich ursprünglich gewollt hatte, das wäre ideal gewesen! Mein Vater stand neben mir, er sah den Zettel auch und guckte mich an und fragte: Möchtest du? Ich: Weiß nicht genau. Und er: Probier's mal hier." Und sie haben den Schlüssel für Hamides Zimmer abgeholt und haben gestrichen und die Sachen eingeräumt und sind am selben Abend zurückgefahren. „Das war ein tolles Gefühl, dass er mir das zugetraut hat, da bin ich plötzlich gewachsen. Natürlich auch gruselig, plötzlich hat man so viel Verantwortung für sich selber, man muss sich ein Konto einrichten, Haushalt, einkaufen – mein Gott, was kauft man überhaupt ein? – und der ganze Tagesablauf: So wird man erwachsen."

Männer,
von denen man noch träumen kann

Hamide hat noch viele Jahre in ihrem Wohnheim an der Alster vor sich mit ihren medizinischen Lehrbüchern, Praktika in der Kinderonkologie und im Kreißsaal, ihre Approbation und ihre Facharztprüfung, bis sie zum ersten Mal ernsthaft über einen Mann nachdenken wird. Ahu dagegen, die nach ihrem Schulabschluss am liebsten Stewardess werden wollte, dann aber eine Lehrstelle in einem Reisebüro erhielt, was genau besehen noch besser ist – „denn dann kann ich mir aussuchen, wohin ich fliege" –, ist mit 24 Jahren schon soweit: Seit dem Frühjahr ist sie verlobt, am Brautschmuck und der Dekoration für die Festivitäten wird schon getüftelt; als die Sommerferien beginnen, ist sie eine vorfreudige, allmählich sogar etwas lampenfiebrige Braut. Im September wollen sie heiraten, ein Saal ist schon reserviert, es passen ungefähr 600, 700 Leute hinein. „Und diesen Platz brauchen wir auch. Die Gäste kommen immer mit Familie, und wenn du mal für eine Familie vier Leute rechnest, da kommen schon einige zusammen. Außerdem machen wir am Abend davor einen Hennaabend – es gibt ja viele Frauen, die wollen keinen Hennaabend mehr, das finden sie altmodisch. Aber ich denke, heiraten tust du nur einmal, dann eben auch richtig, mit allem Drum und Dran."

Ahu selbst wirkt übrigens kein bisschen altmodisch. Von den Schuhen über die Gürtelschnalle bis zum Handy ist alles zwar nicht protzig, aber doch ihrem Alter entsprechend perfekt gestylt. Ein Make-up wie ein hellbrauner Hauch, unter dem sich kein Pickel hervorzulugen trauen würde, und so eine jugendliche Hochfrisur, bei der man auf Anhieb nicht versteht, wie das überhaupt alles zusammengehalten wird. Es gibt ja Leute, die immer ein frisches Taschentuch dabei haben und bei denen jede Locke sitzt – so eine Person also ist Ahu.

Der Hennaabend, den sie unbedingt haben will, ist traditionell als Abschiednehmen der Braut gedacht – von ihrer Familie, ihren Freundinnen, der bisherigen Umgebung, vor allem aber von ihrem Zustand als unverheirateter Frau. Mädchen bleiben unter sich und machen einen drauf? Nun, ein Hennaabend ist etwas weniger feucht-fröhlich angelegt als sein in den angelsächsischen Ländern übliches Pendant, dafür hat er einen wehmütigeren Beigeschmack, der in entsprechenden Liedern zum Ausdruck kommen kann. In welcher Mischung aber Feiern, Singen und eben die Hennabemalung tatsächlich zur Anwendung gebracht werden, ist völlig verschieden – auch wenn es manchmal wirkt, als sei sich jeder, der einen Hennaabend abhalte, absolut sicher, dass exakt so die Tradition sei und nicht anders. Mit dem erstaunlichen Ergebnis, dass sich diese Tradition nicht festlegen kann, ob man im kleinen Kreis bleiben soll oder im größeren von vielleicht zweihundert, ob nur Frauen dabei sind oder auch der Bräutigam vorbeischaut, ob die Braut dabei mit einem roten Tuch bedeckt ist und der Bräutigam sich den kleinen Finger ebenfalls in Henna taucht, ob das Henna vor der Mahlzeit aufgetragen oder Hennaklumpen an alle ausgeteilt werden, sich die Braut aber erst damit schmückt, wenn das Essen vorbei und sie wieder allein ist.

Man kann diese Variationen auf die berühmten „regionalen Unterschiede" schieben, man kann die Ethnobrille aber auch im Etui lassen: Hier gibt es wohl ähnliche Vorlieben und Interessenkonflikte zu bedenken wie bei der

Kardinalsfrage, ob die Geschenke vor dem Heiligabend-Essen aufgemacht werden dürfen – „Muss! Muss! Haben wir immer so gemacht!", ruft das Kind. Tradition ist das, worauf man sich jeweils, kurz bevor es zum Zerwürfnis kommen könnte, einigt. Eins jedoch ist unstrittig: Die Vorbilder für die filigranen Zeichnungen auf Händen und bisweilen Füßen, wie sie in den letzten Jahren auch in Deutschland sozusagen als temporäre Tattoos in Mode gekommen sind, sind indischer und arabischer Brauch. Die Hennabemalung in der Türkei dagegen ist ästhetisch vergleichsweise anspruchslos: Das Henna wird flächig auf Handflächen und oberen Fingergliedern verteilt. Nicht nur bei der Braut selbst, sondern auch bei den Gästen, so dass, wer neben sich eine Anatolierin mit terrakottaroten Fingerkuppen sitzen sieht, zu Recht denken darf: Ich weiß, was du diesen Sommer getan hast!

Modisch, flott und raffiniert sieht das aber für Augen, die an der deutschen Optik geschult sind, nicht gerade aus, und das Eintunken des (männlichen) kleinen Fingers in die rote Farbe, das als Anspielung auf einen Jungfräulichkeitstest (bei der Braut) verstanden wird, hat für manche junge Frau längst einen höchst unappetitlichen Touch. Und so findet man Ahus Bemerkung, dass viele andere junge Frauen den Hennaabend altmodisch finden, auf den Chatseiten marokkanischer und türkischer Mädchen belegt. Die Kommentare gelangen dort von einem kategorischen „Pfui Teufel, so was mach ich nicht, das geht ja wochenlang nicht mehr ab!" über das misstrauische „Soll das Rote eigentlich irgendwas mit Jungfräulichkeit bedeuten?" allerhöchstens zu einem kompromisslerischen „Ich hab nicht das Original-Henna genommen, sondern nur solches, das nach drei Tagen wieder abgeht, das fand ich ganz okay." Mehr Begeisterung tut sich da nicht, da hat Ahu recht.

Außerdem will Ahu, bevor sie heiratet, noch „zum Abschiednehmen" ihre Großeltern in der Türkei besuchen. Nicht, dass diese schwer krank wären oder Ahu davon ausgehen müsste, sie nie mehr wiederzusehen. „Aber ich kann meinem Mann ja nicht sagen, wir müssen da jedes Mal die ganze Familie abklappern. Außerdem – es ist doch etwas anderes. Bisher habe ich sie allein besucht. Meine Mutter stand im Vordergrund, meine Familie. Wenn ich verheiratet bin, wird aber mein Mann im Vordergrund stehen, dann sind wir ja sozusagen unsere eigene, kleine Familie."

Eine richtige Familie wird nach Ahus Vorstellung erst mit Kindern komplett – aber bitte nicht sofort. „Ja, zu einer Ehe gehören für mich schon Kinder. Nicht gerade fünf oder sechs, wie manche Leute das früher hatten, aber so zwei vielleicht. Aber nicht sofort! Ich bin 24! Ich will nicht sofort schwanger werden, sobald ich verheiratet bin, ich möchte ja auch etwas Zeit mit meinem Mann allein. Auch mit dem Heiraten habe ich mir ja Zeit gelassen, ich wollte nicht unbedingt, ich hab nicht sofort nach der Schule daran gedacht, wie komme ich an einen Mann? Nein, du bist nur einmal jung, man will ja auch etwas vom Leben haben, arbeiten, reisen, Urlaub machen. Manche Freiheiten gibt man natürlich auf, wenn man verheiratet ist – aber das ist jetzt okay. Das ist jetzt der richtige Zeitpunkt für mich."

Ahu kennt ihren Verlobten schon seit sechs Jahren, doch die meiste Zeit war er nur ein guter Freund. Er ist auch in Deutschland aufgewachsen, er hat in ihrer Heimatstadt seine Ausbildung gemacht. Während der Ausbildungszeit haben sich die beiden kennen gelernt, sie hatten denselben Freundeskreis, drei Mädchen, drei Jungs, alles „Kumpel". Danach haben sie sich einige Zeit aus den Augen verloren, und erst per Zufall trafen sich die beiden auf einer Feier kürzlich wieder. Das Wiedersehen und die anschließende

Metamorphose von Kumpelschaft zu Verlobtenstand meint Ahu mit wenigen Worten hinreichend erklären zu können: „Wir haben uns dann weiter alleine getroffen, das war vor einem Jahr, und ich dachte: Warum nicht?"

Aus den Worten *Warum nicht*, liebe Ahu, klingt aber nicht gerade der Enthusiasmus, den man von einer Braut in spe erwartet! Wenn es um den Mann fürs Leben geht, muss es doch stärkere Gründe geben als nur keine dagegen? „Klar gibt es Gründe dafür. Ich wusste ja, was er für einen Charakter hat, wir kennen uns gut, ich kenne ihn von früher. Er ist nicht wie andere Männer, er geht nicht fremd. Er ist nicht arrogant. Und ich hab schon vorher zu meiner Mutter gesagt: Mama, ob ich ihn jetzt heirate oder nicht, er hat wirklich eine gute Person verdient, er hat einen guten Charakter. Also warum nicht?"

Diesem *Warum nicht* ist einfach nicht beizukommen, genauer wird das nicht erklärt, und auch dass Ahus Verlobter nicht arrogant zu sein und treu zu bleiben verspricht, haut den rätselnden Zuhörer noch nicht unbedingt um. Doch Ahu ist es vollkommen ernst. Das sind Eigenschaften, die wirklich zählen. „Die alten Leute sagen", meint sie, „früher gab es Respekt und Vernünftigkeit; und heute machen so viele junge Männer einfach nur große Sprüche. Es ist direkt peinlich, wie die hier herumlaufen und groß tun und laut sind, was geben die bloß für ein Bild ab!" Zwar sähen viele junge türkische Männer durchaus gut aus, meint Ahu, doch darauf bildeten sie sich zuviel ein. Zu viele türkische Mädchen unterstützten die Männer noch darin, schwärmten mal für diesen und mal für jenen und achteten dabei nicht aufs Wesentliche. „Die gucken nur, ob ein Mann gut aussieht, aber dafür hat er vielleicht nix im Kopf. Die sagen dann, ich liebe dich, aber dann sind sie heimlich noch mit einer anderen zusammen oder telefonieren mit der. Wenn die sagen, es ist mir ernst, ist das nur ein Lippen-bekenntnis, und es kommt nichts dabei heraus."

Es ist zunächst etwas schwierig einzuschätzen, ob Ahus pessimistische Rede über die jungen Männer von heute eigener Erfahrung entspringt oder der Erfahrung der er-wähnten Älteren, ob sie sich eigenen Mutmaßungen ver-dankt oder dem Kondensat zu vieler Fernsehfilme. Aber dann klingt es doch so, als habe auch Ahu schon glühen-dere, und schneller verglühende Lieben erlebt und gemerkt, dass das berühmte Kribbeln im Bauch als Indiz für eine lange, glückliche Beziehung nicht taugt. „Ich denke halt nicht so wie eine 18-Jährige, die jemand kommen sieht und glaubt, oh, das ist er, die verlieben sich in diesen und in jenen, Hals über Kopf. Nein, ich bin alt genug und denke mehr logisch. Ich heirate nicht die erste große Liebe, son-dern ich gucke auch, ob er eine Arbeit hat, ob er lieb ist, ob wir uns vom Charakter her verstehen. Und außerdem, seine Familie ist auch sehr lieb, das ist auch wichtig."

Es gibt eben auch ein Liebesleben vor der Ehe: Schwär-mereien, Verliebtheiten, ausgehen, telefonieren. Ein Sexleben vor der Ehe gibt es für Ahu hingegen nicht – aber auch hier kommt es natürlich wieder darauf an, was man unter „Sex" versteht. „Meine Freundinnen, deutsche und türki-sche, haben schon zig Mal gefragt, ja, aber wie kannst du denn jemanden heiraten, mit dem du noch nicht zusam-men gelebt hast, mit dem du noch nie intim gewesen bist? Das spielt in Deutschland ja eine riesengroße Rolle. Aber in dem Punkt bin ich traditionell, und mein Verlobter auch, das wäre für uns nicht in Frage gekommen. Gelegenheiten würde es schon geben, meine Eltern lassen uns oft allein, aber das ist auch okay, wir machen so was nicht. Ich ver-lass mich halt drauf, wenn alles andere stimmt, wenn man sich wirklich gut versteht, dann stimmt der Rest auch.

Außerdem – es gibt ja auch andere Zärtlichkeiten, außer dem richtigen sexuellen Zusammensein. Daran merkt man ja auch schon, ob einem das gefällt. Es gibt natürlich auch Leute, die schlafen schon miteinander, wenn sie vor dem Standesamt verheiratet sind – wir tun so etwas nicht. Nicht, bevor wir richtig verheiratet sind!"

Auf diese Weise kommt ganz nebenbei heraus: Tatsächlich haben Ahu und ihr „Verlobter" vor einem deutschen Standesamt schon geheiratet – aber eben nicht *richtig*! Richtig ist, wenn der Imam dabei ist und wenn es offiziell gefeiert wird. Bis dahin muss Ahu allerdings noch einmal mit ihrem Chef sprechen, ob er ihr früher Urlaub gibt, denn das Brautkleid wird in der Türkei gekauft. Was sie in den deutschen Läden gesehen hat, hat Ahu nämlich nicht gefallen. „Wir fahren alle zusammen, mein Freund, seine Mutter, meine Mutter. Ich suche das Brautkleid aus, und er bezahlt es. Und das Hennakleid auch, das kauft auch die Familie des Bräutigams. Dafür bezahlt meine Familie ihm den Anzug für die Hochzeit. Und ich kriege noch den Schmuck und alles, was mir gefällt. Meine Familie gibt mir Schmuck, und seine Eltern auch." Ahus Gesicht bekommt einen etwas verträumten Ausdruck.

„Meine Schwiegermutter ist auch so lieb, sie hat extra gesagt: Ahu, du suchst dir das Brautkleid aus, was du willst, egal ob offen oder geschlossen. Sie selbst trägt ein Kopftuch, aber sie hat nichts gegen ein Dekolleté oder rückenfrei, sie sagt, du ziehst es nur einmal an, kauf dir, was du willst." Wieder der verträumte Ausdruck: „Und ich weiß schon, ich will eines mit Corsage!"

Ahu ist eine Meisterin der Kunst, es allen recht zu machen – und dabei auch sich selbst. Eine Pragmatikerin mit einer großen Begabung fürs kleine, nämlich erreichbare

Glück. Stewardess konnte sie nicht werden, Reisebüro ist mindestens ebenso gut. Man lebt nur einmal, man heiratet nur einmal – was man hat, damit macht man es sich schön. Obwohl Ahu alle Entscheidungen selbst getroffen hat, was die Ausbildung angeht, den Zeitpunkt der Heirat und ihren Mann, vollzieht sich doch alles in denkbar größtem Frieden und Harmonie mit dem Rest der Familie. Niemand wird vor den Kopf gestoßen – wozu auch, wenn sich doch alle so gut verstehen? Die Mutter mag ihren Verlobten; sie mag die Mutter ihres Verlobten. Die Eltern geben nicht übertrieben eifrig auf sie acht, aber schon von sich aus ist Ahu ein anständiges Mädchen. Wenn die Alten über die heutige Jugend schimpfen, kann Ahu das gut verstehen; doch ist die Zeit auch für sie nicht stehen geblieben: Ermuntert von der Kopftuch tragenden Schwiegermutter kauft sie sich ein Brautkleid mit Corsage.

Besser können die Dinge eigentlich nicht laufen, und doch: Wenn man sich Ahus Pläne noch einmal genauer anhört, hört man auch eine leise, zweite Ebene heraus: die Stimme einer jungen Frau, die sich immer wieder rechtfertigen zu müssen glaubt. Und zwar vielleicht weniger vor ihrer türkischen Familie, der sie ja tatsächlich sehr nahe steht, sondern vor der Umgebung, die sie unaufhörlich vermisst und in ein diffiziles Raster von Bildungsgewinn und Aufstiegspotentialen einsortiert; Rechtfertigung außerdem vor dem Bild einer Moderne, das von ihr verlangt, sie solle sich von dem absetzen, was bisher in ihrer Familie, in den früheren Generationen üblich war.

Von ihrem Kinderwunsch kann Ahu nicht sprechen, ohne zu betonen, sie wolle nicht etwa fünf oder sechs – nicht wie die Klischeegastarbeiter also, die primitiven Leute, auf die die Deutschen herabsehen und die gebildeteren Türken in Deutschland auch. Auf ihre Weise primitiv sind

auch die Sprüche klopfenden türkischen Jugendlichen auf
den Straßen, die Ahu nicht nur schrecken, weil sie so ober-
flächlich, hohlköpfig sind, sondern auch, weil Ahu Angst
hat, von der deutschen Umgebung mit ihnen in einen Topf
geworfen zu werden. „Es ist peinlich, ... was geben die bloß
für ein Bild ab!"

Auf der anderen Seite lauert die Unterstellung des
Traditionellen. Darum muss Ahu natürlich sagen, sie habe
nicht um jeden Preis heiraten wollen – wer will das schon,
wer könnte das von sich behaupten und würde von seiner
emanzipierten Umwelt nicht verlacht? Manche ihrer Altersgenossinnen finden einen Hennaabend ja altmodisch, räumt
sie ein und erklärt gleich, warum sie trotzdem einen will:
Man heiratet nur einmal, dann auch richtig, warum also
nicht? Überhaupt scheint es ihr immer ein bisschen peinlich zu sein, wenn sie etwas genau so haben will, wie die
„Tradition" es will – denn Tradition ist nicht gut angesehen,
es hat den Geruch von Dorf, mangelnder Schulbildung und
Rückständigkeit. Und Ahu hat ja tatsächlich auch genug
von dem an sich, was sie mit gleichaltrigen deutschen
Frauen teilt: den Wunsch, in ihrem Mann auch einen wirklich sehr guten Freund zu haben, die Reiselust, das Wissen,
in einer Ehe und später für die Kinder Freiheiten einzubü-
ßen – und, last but not least, den Brautkleidgeschmack, der
das Ziel aller Wünsche nicht mehr in einem großen Baiser
mit Tüllkrönchen verkörpert sieht. Wenn Ahu aber in anderen Dingen Gefallen an dem findet, was auch die Mutter
mag und die Großmutter schon mochte: *Warum nicht?*

Muss aber alles, kann man umgekehrt wieder einwenden,
so vernünftig vonstatten gehen? Ist es denn wirklich, wie
manche Psychologen und Beziehungsratgeber behaupten,
am gescheitesten, sich frühzeitig darüber klar zu werden,

ob man in seinem Ehepartner vor allem den guten Freund oder eher den leidenschaftlichen Liebhaber sehen will?

Yıldız, 32 Jahre alt, Schreibtischarbeiterin, Kunstsammlerin, Sport- und Reisejunkie, hat bisher noch nie einen festen Freund gehabt. Genau genommen noch gar keinen Freund, der ihr körperlich irgendwie näher gekommen ist. Aber sie weiß, was sie von ihrem späteren Mann oder Freund erwartet, und in Erwartung dieser Freuden lässt sie es sich schon jetzt bequem im Morgenmantel auf dem Sofa gut gehen, spreizt die Füße und bemalt einen Zehennagel nach dem anderen mit etwas, das farblich jeden Himbeersirup in den Schatten stellt. „Natürlich muss es – im Türkischen sagt man – *elektrisite* geben. Auch jedenfalls. Seelenverwandtschaft *und* Elektrizität." Darunter tut Yıldız es nicht. Bewerber gab es zwar schon viele, aber keiner hat ihren Ansprüchen genügt. „Manchmal denke ich, vielleicht habe ich deswegen noch keinen Freund, weil ich zu hohe Ansprüche stelle. Natürlich soll er gut aussehen und andererseits: Das ist ja nur die Oberfläche. Ganz wichtig ist, dass er kein Materialist ist, sondern jemand Intellektuelles, jemand, dem Literatur und Kunst wichtig sind, der geistig rege ist. Man darf nicht stehen bleiben, man muss sich wundern, Fragen stellen, lesen! Und weil ich selbst so ein weiches Ding bin, darf er auch kein harter Mensch sein, kein Tyrann oder so. Und natürlich nicht verlogen und all das, das ist ja klar. Aber das ist ja noch keine besonders genaue Beschreibung, oder? Da ist doch noch Spielraum! Ist das schon zu viel verlangt?"

Früher hatte Yıldız etwas engere Grenzen gezogen; sie hatte gemeint, ihr künftiger Mann solle auf jeden Fall Türke sein. Das hatte nichts mit nationalem Dünkel zu tun, sondern eher mit einer speziellen Verunsicherung: „Ich hatte selbst schon genug Schwierigkeiten, meine eigene Identität zu finden: Bin ich türkisch, bin ich deutsch? Und ich dachte, wenn ich einen Deutschen heirate, dann wird es ja noch komplizierter, dann muss ich noch mehr die Waage halten zwischen beidem. Darum dachte ich, am besten wäre ein Türke, der hier groß geworden ist, der würde diesen Konflikt kennen, der hätte dasselbe Problem, spricht dieselbe Sprache etc. Mittlerweile habe ich aber ein paar türkische Männer kennen gelernt, das lief auch nicht so toll, und da hab ich gedacht: Na, auf die Scheiße kannste ja auch verzichten! – Tschuldigung."

Schon okay. Es hat ja niemand gesagt, dass sich Schreibtischarbeiterinnen und Kunstsammlerinnen immer einer gepflegten Sprache befleißigen müssen.

„Jedenfalls bin ich seitdem in meinen Vorstellungen universeller geworden. Das Wichtigste ist doch, dass man sich in die Augen sieht und einander versteht; dass man ein gemeinsames Ziel hat im Leben. Man kann die Leute nicht nach Nationalitäten sortieren, das Menschliche ist wichtig. Wie Jesus sagt: Du sollst einen Menschen an seinen Taten messen."

In die Augen gucken, einander verstehen: Das ist die Seelenverwandtschaft. Plus die erwähnte Elektrizität. Auf körperlicher Ebene hat Yıldız das mit der Elektrizität wie gesagt noch nicht ausprobiert, auch wenn sie den einen oder anderen Mann höchst attraktiv gefunden hat. Aber ein gewisser Stolz hat es ihr einfach verboten. „In manchem wollte ich auch nicht so sein wie die deutschen Mädchen, die mit jedem rumgemacht haben. Ich hab die Nase hochgetragen und gesagt, nee, kostenlos gibt's nichts bei mir. Das hat die natürlich umso mehr angespornt, wenn die gemerkt haben, an mich kommt man so leicht nicht ran."

Wie offenherzig sie vergangenen Teenager-Hochmut eingesteht, macht Yıldız unmittelbar sympathisch. Wie sie andächtig Zucker in den Tee schüttet und mit dem Löffelchen klimpert wie ein Kind, das zum ersten Mal Metall + Glas = Glockenspiel vernimmt. Wie sie davon erzählt, wie sie als junges Mädchen von den deutschen Mitschülerinnen zu hören bekam, sie sei irgendwie anders. Wie sie ihre Fußnägel bemalt und dabei den kleinen rechten Zeh einfach vergisst. Wie sie sich überlegt, wie es wohl wäre, wenn sie sich in einen indischen oder afrikanischen oder eben doch in einen deutschen Mann verliebt.

Irgendwann! Denn, um auf die Ausgangsfrage zurückzukommen, ob man sich bei einer Partnerschaft fürs Leben bis zu einem gewissen Grad entscheiden muss, ob man den Schwerpunkt auf Freundschaft oder Erotik setzt, sind Yıldız' Überlegungen streng genommen ja eher hypothetisch. Weder verfügt sie über eigene Erfahrungen mit obsessiven ersten Tagen und Nächten im gemeinsamen Bett noch mit der beklemmenden Ereignislosigkeit, die sich in demselben Bett nach einigen Jahren ausbreiten kann.

Und doch kann man, wenn man Yıldız zuhört, meinen, sie habe das Ei des Kolumbus gefunden. In anderen Gebieten erworbene Lebenserfahrung und Selbstsicherheit helfen nämlich auch hier. „Vielleicht kann man nicht einen Top-Liebhaber und einen Top-Partner in einem haben, nicht von beidem hundertzwanzig Prozent, das kann schon sein. Aber, sagen wir, hundert Prozent Partner und 80 Prozent Liebhaber, das wäre doch auch schon was Tolles! Das muss halt alles zusammengehen. Und weißt du was: Wenn er vielleicht ein guter Partner ist, aber kein so guter Liebhaber – dann bin ich dafür halt eine tolle Geliebte! Ich hab meinen Spaß dran." Ja, Yıldız hat schon genaue Vorstellungen, wie es dann gehen wird. „Ich mache jeden Mann verrückt, mit mir langweilt sich keiner!"

Kürzlich hat Ahu geheiratet; jetzt steht ihr die Phase der leidenschaftlichen Verliebtheit bevor, die sie hoffentlich erleben und die hoffentlich in etwas Solideres übergehen wird; die erste tiefgehende Meinungsverschiedenheit; das erste Kind oder der erste Besuch beim Arzt, warum es mit der Empfängnis so leicht nicht klappt; vielleicht eine erste Eifersucht, und die erste Versöhnung nach einer Nacht, in der man schweigend und demonstrativ weit auseinander liegend eingeschlafen ist. Unter Yıldız' Bettdecke hingegen steckt nach wie vor nur ein einzelnes Paar Füße, die Zehennägel perfekt in Himbeerrot bemalt; in den Warteräumen ihrer Bürogemeinschaft organisiert sie derzeit eine Ausstellung mit Künstlern aus Südamerika. Aber auch aus Südamerika ist kein Seelenverwandter in Sicht und keine Elektrizität – was ihren süßen Träumen keinen Abbruch tut.

Schlafen etwa alle jungen, unverheirateten türkischen Frauen allein? Natürlich nicht. Es gibt auch die, die kurz nach der ersten heimlichen Zigarette auch ihren ersten heimlichen Kuss ausprobiert haben, dann die Pille und ihren ersten festen Freund. Es gibt die, die im Alter von 27 zum ersten Mal alleine sind – huch, denken sie rückblickend, da hat sich bisher ja immer ein Freund an den anderen gereiht. Und warum ist jetzt keiner da, fragen sie sich, sind die Guten etwa alle schon weg, kann ich mich nicht verlieben, oder mach ich einfach mal das Beste draus? Da sind diejenigen, die mit Ende dreißig die Hoffnung schon aufgegeben hatten oder sich auch früher keine große Hoffnungen gemacht hatten.

„Ich habe längst alle Altersstufen durch, keiner hat gepasst, bei keinem hat es mich länger gehalten", erzählt Mutlu, die gerne malt und gerne kocht und gerne isst, die ihren Körper allwöchentlich im Solarium und in der Sauna verwöhnt und für die es so natürlich ist, Kontakt zu ande-

ren zu suchen, dass sie auch beim Gespräch mit einer beinahe Fremden diese immer wieder freundlich, ermutigend,
verbindlich kurz an Knie oder Schulter berührt. „Ich hab
im letzten Jahr nur noch wild durch die Gegend geschlafen
und meinen Spaß gehabt und mir nichts weiter erwartet.
Ich glaube, ich wollte auch gar nicht wirklich jemanden an
mich ranlassen, ich hatte Angst, das kostet mich meine
Unabhängigkeit oder was weiß ich, wovor man sich da genau fürchtet. Ich wollte nie allein sein und habe doch alle
immer auch auf Abstand gehalten", sagt sie, und plötzlich:
„Da lernte ich M. kennen. 15 Jahre älter als ich, also das
hätte ich nie gedacht, dass ich mal bei so einem lande! Er
ist geschieden, er hat auch einen ganz anderen Beruf als
ich. Aber wenn man sich dann kennen lernt, findet man
überall Berührungspunkte. Und schon als wir das erste
Mal gesprochen haben, die Bedingungen waren denkbar un-
romantisch, also wirklich, aber nach zwei Minuten war ich
hin und weg und dachte nur ... Uuuuh ..." – Seelenverwandtschaft und *elektrisite*.

Die Mutter als Freundin und Hotel

So viel war bisher von den Vätern die Rede – den strengen Vätern, die die Regeln vorgeben, den liebevollen Vätern, die nur das Beste für ihre Töchter wollen, den umsichtigen Vätern, bei denen sich die Deutschbücher stapeln –, dass es nun endlich auch einmal um die Mütter gehen soll. Ob in deutschen oder deutsch-türkischen Familien: Es sind ja meist die Mütter, denen der Alltag obliegt, zu dem der Vater nur den (seiner Meinung nach) abschließenden Kommentar abgibt. Es sind die Mütter, die die Details einer Geschichte kennen und oft genug dem Vater auch nur diejenigen Ausschnitte zeigen, die ihrer Meinung nach kommentierungsbedürftig sind. Es sind schließlich die Mütter, die ahnen, warum die heranwachsende Tochter mit ihren Gedanken woanders ist (und wo), die sich im Laufe der Pubertätsjahre ihrer Töchter an einer Gratwanderung versuchen: zwischen Erzieherin und Gesprächspartnerin.

„Mit meiner Mutter kann ich über alles reden", sagt Nilgün, „wirklich. Meine Mutter ist meine beste Freundin, oder sagen wir so: Alles, was ich meiner besten Freundin erzähle, das erzähle ich auch meiner Mutter. Und wir machen auch Sachen, die Freundinnen machen: Wir treffen uns in der Stadt, wir gehen ins Kaffee, ich rauche vor ihr."

Nilgün, 25 Jahre, macht eine Ausbildung zur Arzthelferin; ein Freund, ein möglicher Ehepartner ist noch nicht in Sicht; mit ihren beiden jüngeren Brüdern wohnt sie weiterhin bei ihren Eltern. Dass sie vor ihrer Mutter raucht, wie sie mehrmals betont – also etwas tut, was die Mutter nicht gerne sieht, was eine Erwachsene aber tun darf, wohingegen es dem Kind verboten ist –, ist ihr Zeichen dafür, dass die Gratwanderung zwischen Erwachsenwerden und Tochterbleiben geglückt ist. Und dass Nilgün ihrer Auskunft, sie könne mit ihrer Mutter über alles reden, dieses „Wirklich" hinterher schiebt, klingt wie ein kleiner, leiser Nachhall des Zweifels, ist die Bekräftigung von etwas nicht Selbstverständlichem – davon, dass es tatsächlich eine heikle Gratwanderung war.

„In meiner Pubertätszeit – das war vielleicht eine verrückte Zeit! – da habe ich gedacht, ich will ausziehen, ich will eine eigene Wohnung. Hauptsache weg von den Eltern! Inzwischen bin ich froh, dass es dazu nicht gekommen ist; aber als ich 14, 15 war, habe ich mich halt auch nicht so gut mit meiner Mutter verstanden. Ich habe ihr viele Sachen verheimlicht – Verabredungen und so. Jungs. Aber irgendwann habe ich gemerkt: Hey, das macht sie alles nur, weil sie sich um dich kümmert, sie hatte Angst, ich könnte etwas Falsches machen, könnte Probleme bekommen, also hat sie auf mich aufgepasst. Sie hat es nicht böse gemeint, nein, sie hat sich nur um mich gekümmert! Sie hat immer Interesse an mir gezeigt. Auch wenn ich mich ein bisschen abgewendet habe, hat sie immer wieder den ersten Schritt gemacht."

Auch als Nilgün dann mit dem Rauchen angefangen hatte, heimlich, in der Pause, hinterm Supermarkt, da hat sie sich überlegt, wie sie denn zu Hause damit umgehen soll. Sollte sie die Zigaretten zu Hause lieber weglassen, oder sollte sie es ihrer Mutter direkt sagen? Natürlich hat auch Nilgüns Mutter immer beteuert, die Tochter könne ihr „alles" erzählen. Nun, aber dann hat man doch ein bisschen Angst davor, wie die Mutter auf „alles" reagieren wird.

Und deswegen hat Nilgün lieber nicht die Probe aufs Exempel machen wollen. Außerhalb des eigenen Hauses hat sie geraucht; zu Hause ließ sie die Zigaretten in der Schultasche; und dank der Neigung aller Schultaschen, mal geschlossen und mal offen herumzustehen, egal welche Geheimnisse sie verbergen sollen, ließ sich natürlich nicht vermeiden, dass Nilgüns Mutter einmal eine Schachtel zu Gesicht bekam. „Oh, zuerst war sie schon böse. Sie hat vielleicht geschimpft! Du bist noch jung, das macht dich krank, hör damit auf! Beinahe hat sie es gar nicht glauben können – allerdings hat sie mich ja sozusagen erwischt! Aber das Gute ist: Sie verwendet so etwas später nicht gegen mich. Wenn etwas passiert ist, was sie nicht gut findet, dann sagt sie direkt ihre Meinung, sie schimpft – aber sie hält es mir nicht später vor, nicht in anderem Zusammenhang. Und so finde ich es auch okay. Jeder Mensch macht halt Fehler, und später bereut er es."

Die Mutter kann akzeptieren, dass die Tochter Fehler macht. Und die Tochter ist auch bereit, die mütterliche Sicht zu akzeptieren. Dass ihre Mutter einer anderen Generation angehört, dass sie alles, was Nilgün erlebt, selbst schon erlebt oder zig Mal bei anderen beobachtet hat – dieser Erfahrungsvorsprung ist für Nilgün nicht etwa ein Grund, die Dinge erst recht für sich zu behalten, um Kommentaren aus dem Weg zu gehen; sondern er bewegt sie, sich ihrer Mutter anzuvertrauen: „Es ist ja so: Wenn ich mit meiner Freundin rede, weiß die vieles auch nicht besser als ich. Die ist ja genauso hilflos! Ahnungslos sind wir! Deswegen höre ich schon gern auf meine Mutter oder auch andere Leute, die älter sind als ich: Sie haben einfach mehr Erfahrung. Ich habe ihr später schon auch mal etwas erzählt, wo ich genau wusste, das wird ihr nicht gefallen. Aber ich brauchte einfach einen Rat."

Hinter dieser etwas vagen Formulierung verbirgt sich ein Liebesproblem der damals 16-jährigen Nilgün – nicht, dass schon etwas „passiert" gewesen wäre. Aber sie hatte sich ein paar mal heimlich mit einem Jungen verabredet, hatte Liebeskummer und wusste nicht, wie weiter. „Und als ich sie in einem günstigen Moment erwischt habe – man kennt ja seine Mutter, da sieht man ihr das an – hab ich gesagt, Mama, ich muss dir was erzählen. Da war sie erst mal ziemlich wütend, aber dank ihrer Erfahrung konnte sie mir dann allerlei erklären, dass es gar nicht erstaunlich ist, dass es so gekommen war, und sie hat bloß gesagt, dass das nicht noch mal vorkommen soll."

Mit der Mutter über alles reden, das heißt offenbar: bisweilen etwas verheimlichen, es aber bereuen, weil das Vertrauensverhältnis dadurch gestört ist; und um dieses Vertrauen wiederherzustellen, auch unangenehme Momente des Beichtens und des gerechtfertigten Ärgers auf sich zu nehmen. Diejenige Mutter, die eine Freundin sein will und sich auch entsprechend verhält, lässt es dabei bewenden; und die Tochter, die Freundin sein will, nimmt Erfahrung, Tadel und Rat der Älteren ohne Groll an. Einige Dinge würde die unverheiratete Tochter niemals tun – mit einem Jungen etwas „passieren" lassen. Aber andere Freiheiten stehen ihr als Erwachsener zu, das muss die Mutter akzeptieren. „Ich rauche vor ihr. Im Türkischen sagt man: Rauchen vor älteren Leuten ist nicht so schlimm, man soll nur vorher fragen." – Man könnte jetzt meinen, dieses Sprichwort müsse doch auch für den Vater gelten, aber da liegen die Dinge etwas anders, beim Vater ist mehr Autorität im Spiel: „Mit meinem Vater kann ich nicht über alles reden, da ist schon Abstand. Er weiß zwar, dass ich rauche, aber vor ihm rauche ich nicht. Vor Vater muss das nicht sein, ich mach zwar auch Spaß mit ihm, aber es ist auch Respekt da.

Wenn er das mit dem Rauchen schon weiß, da muss ich es ihm nicht noch direkt zeigen."

„Mit meiner Mutter kann ich über alles Mögliche sprechen", sagt auch Pembe, „sie ist inzwischen wie eine gute Freundin für mich. Gut, sie hat ein paar Eigenarten, da wäre ich früher die Wände hochgegangen, wenn ich nur gekonnt hätte. Das macht mich rasend! Inzwischen versuch ich, ein bisschen einzusehen, dass sie halt auch nur ein Mensch ist, sie ist Ende vierzig, wie soll sie sich da noch groß ändern, ich muss sie nehmen, wie sie ist. Pünktlichkeit zum Beispiel kennt sie gar nicht, und zuverlässig – na ja. Zuverlässigkeit ist auch nicht ihre Stärke. Aber was soll's? Ich wohne allein, seit vielen Jahren schon allein, ich kann für mich selbst sorgen. Wenn wir uns jetzt treffen, dann wie Freundinnen, wie gesagt."

Auch wenn Pembe einen Freund hat, kann sie der Mutter von ihm erzählen – die Mutter wohnt ja auch selbst mit einem deutschen Freund zusammen! Pembes Mutter war in ihrer Familie immer ein Skandal. Sie selbst hat nie gemacht, was man ihr gesagt hat, also ist sie auch entsprechend tolerant, was die eigene Tochter angeht. So aufregend sich das zunächst anhört, die Skandalnudel, die tolerante Mutter, so traurig ist doch die Geschichte dahinter: Es gab eine Zeit, da hatten Mutter und Tochter keinerlei Kontakt. Keine Telefonate, nichts. Dass die beiden überhaupt wieder wie Freundinnen sind, ist fast schon ein Wunder; eine Selbstverständlichkeit, ein Gebot des Anstands hingegen, dass die Mutter jetzt tolerant ist angesichts der erwachsenen Pembe.

Als Pembe 15 war, haben sich ihre Mutter und deren damaliger Freund getrennt. Wie verrückt zogen die beiden daraufhin um – mal hierhin, mal dorthin, ohne dass Pembe richtig verstehen konnte, warum. Der Mutter ging es nicht gut. Ihr Ex-Freund hatte so etwas wie die Vaterrolle übernommen, er hat Pembe erzogen, er hat ihr bei den Schulaufgaben geholfen. „Als er weg war, wusste meine Mutter gar nicht, was sie mit mir machen sollte. Einmal habe ich ein bisschen Geld aus ihrem Portemonnaie genommen, da hat sie gedacht, jetzt muss sie mich irgendwie erziehen, sie hat mich den halben Tag im Zimmer eingesperrt. Sie war völlig hilflos! Das Jugendamt war auch schon da gewesen, das Sozialamt. Als ich 16 war, habe ich einen Platz in einer WG bekommen. Das war übrigens ihre Idee. Nicht ich hab gesagt, ich will ausziehen, nein: Sie hat gesagt, es wäre wohl besser, wenn du gehst. Also bin ich in diese WG. ‚Sozialpädagogisch betreutes Wohnen‘ hieß das, und es war das Beste, was mir passieren konnte!"

In der WG lebten noch drei andere Mädchen. „Die hatten teils Schlimmes erlebt, damit muss man sich erst mal vertraut machen – und man muss auch lernen, sich da zu distanzieren. Aber ich habe viel gelernt, das war gut für mich, auch wenn es am Anfang schwierig war! Ich war das Leben in so einer WG nicht gewohnt, ich konnte kein bisschen Kritik ertragen, und mein Selbstbewusstsein war gleich null. Aber die Pädagoginnen haben mir sehr geholfen. Wir haben unzählige Gespräche geführt, ein halbes Jahr lang habe ich sogar eine richtige Psychotherapie gemacht. Aber dann habe ich gemerkt: Wenn ich jetzt so weitermache, dann schaffe ich meinen Abschluss gar nicht. Immer nur Therapie und Probleme und das alles – ich konnte mich gar nicht mehr auf die Schule konzentrieren! Also habe ich mir gesagt, so dringend nötig hast du die Therapie ja nun auch nicht, jetzt kommt erst mal der Schulabschluss."

Sie war schon ein Jahr sitzen geblieben, aber im folgenden Jahr holte sie auf. Sie war eisern. Von all den Mädchen, die in der WG ein- und auszogen, hat in diesen Jahren nur eine den Abschluss geschafft – das war Pembe. Und es war ein sehr guter Realschulabschluss. Die Pädagoginnen waren stolz auf sie. Es war ein Erfolg, für sie, für Pembe. Bis sie 19 war, blieb Pembe in der betreuten WG, dann bezog sie ihre erste Wohnung – eine Wohnung, in der sie mit viel Farbe – „Teenagergeschmack" sagt sie rückblickend – die Wände bemalte, in der Bücher und Kleider, Plastik und Kitsch und Kühlschrank und Fernsehen, in der alles seinen Platz hat. „Mit einem Freund zusammengewohnt habe ich noch nie. Aber ich hatte immer einen. Ab 16 hatte ich immer einen Freund – seitdem ich bei meiner Mutter ausgezogen war und vielleicht auch darum. Weil ich mich einsam gefühlt habe, ich musste nachholen."

Von ihrer Mutter hat Pembe zwei Fotos in ihren Regalen stehen, da sieht die Mutter aus wie Jaqueline Kennedy-Onassis. Eine riesige Sonnenbrille nach Art der 1970er Jahre, dichte, nach außen gebürstete Haare, die Lippen klar, aber nicht zu dick geschminkt. Ein sehr schönes Gesicht, das sich in nur ganz wenigen Fältchen von Pembes Gesicht unterscheidet. „Sie war schick, sie hatte Spaß am Leben und an Männern, und sie hat viel Ärger mit ihnen gehabt", kommentiert Pembe das Foto, mit einer Zärtlichkeit und Nachsicht und einer ganz leisen Wehmut, die ungewöhnlich ist bei einer jungen Erwachsenen, die über ihre Mutter spricht. Vermutlich liegt es auch genau daran, dass Pembes Mutter als Mutter ihrer selbst nicht sicher, nicht sehr fürsorglich war.

Als Pembes Mutter 19 war, verliebte sie sich in einen einige Jahre älteren Türken, der aus Konya kam und für ein paar Monate in Deutschland zu Besuch war. Er wurde Pembes Vater. „Ein strenger Sunnit. Stell dir vor, in meinen Adern fließt das Blut von einem richtigen Sunniten!"

Pembes Mutter gehört der Glaubensrichtung der Aleviten an, und für Pembe steht „Sunnit" für alles, was sie an der Türkei entsetzt: Strenge, moralischer Rigorimus, Provinzialität und Kopftuch. „Manchmal denke ich, wie alles hätte sein können: Wenn die beiden zusammen geblieben wären, säße ich jetzt in der Türkei in irgendeinem Kaff, hätte einen Haufen Kinder und ein Kopftuch auf dem Kopf! Gruselig! So gesehen bin ich heilfroh, wie es gekommen ist."

Und das war: Der Vater hat die Mutter nie geheiratet. Als sie schwanger wurde, haben sie sich noch gemeinsam mögliche Namen für das Kind überlegt. Hediye, „Geschenk", so wollte er die Tochter nennen. Aber als das Mädchen geboren wurde, war der Vater schon nicht mehr da, sondern auf Nimmerwiedersehen nach Konya entschwunden. „Er hat nie vorgehabt, meine Mutter zu heiraten. Der wollte einfach nur ein Abenteuer oder sich als Mann beweisen. Gut, ich glaube schon, dass er meine Mutter geliebt hat, auf eine bestimmte Art und Weise. Ich bin ein Kind der Liebe, das sag ich mir manchmal, wenn ich an meine Stiefgeschwister denke, die nach mir kamen, für die gilt das nicht. Aber ernst gemeint hat mein Vater das alles nicht, er ist abgehauen und hat sich nie wieder gemeldet."

Pembe hat an ihren Vater keine Erinnerung. Sie hatte kein Foto, wusste keinen Namen, und wusste zwölf Jahre lang nicht einmal, dass der damalige Mann ihrer Mutter gar nicht ihr leiblicher Vater war, sondern nur ihr Stiefvater, den zu heiraten ihre Großeltern ihre Mutter gedrängt hatten, als Pembe noch ein Baby war. Erst später, als die Mutter diesen stets ungeliebten Ehemann bereits verlassen hatte, wurde Pembe klar, dass er nicht ihr leiblicher Vater war. Der wiederum beschäftigte ihre Gedanken immer mehr. Sie fing an nachzubohren. Und dann, vor vier Jahren: „Da habe ich dann meiner Mutter so zugesetzt, dass ich ihn endlich kennen lernen will, dass sie ihn doch tatsächlich ausfindig gemacht hat. Sie hatte ja selbst die ganzen Jahre keinerlei Kontakt. Und sie hat ihn für mich angerufen – ich kann ja kaum türkisch, darum habe ich meiner Mutter gesagt, du musst das einfädeln, das bist du mir schuldig. Sie hat ihn also angerufen und gesagt, du hast eine Tochter, sie ist 22 und würde dich gern kennen lernen. Er hat inzwischen eine richtige Familie, eine Frau, vermutlich mit Kopftuch, und drei Kinder. Er hat geantwortet: Ich wusste doch die ganze Zeit, dass ich eine Tochter habe, und hätte ich Interesse daran gehabt, sie kennen zu lernen, hätte ich längst selbst etwas in der Richtung unternommen. – Das saß. Das war zwar sehr verletzend, aber andererseits war die Sache damit endgültig gegessen. Ich hatte mir ja immer gesagt: Hhm, vielleicht weiß er ja bloß nicht, dass es dich gibt. Jetzt wusste ich: Er weiß es, und er ist ein Arsch."

Dass ein Mädchen mit 16 auszieht, und das nicht auf eigenen Wunsch, sondern auf den der Mutter – das ist schon ungewöhnlich. Gar nicht so ungewöhnlich ist aber die folgende Konstellation: Man trifft eine Frau, vielleicht Anfang dreißig, kommt mit ihr ins Gespräch. Sie heißt vielleicht Kiraz. Kiraz hat ihr Studium längst abgeschlossen – Medizin zum Beispiel oder Jura – und ist ganz schön erfolgreich in ihrem Beruf. Washington, Paris, Madrid: Überall hat sie schon ein Praktikum gemacht, sie ist in diesem und in jenem Vorstand und wird von den Bundestagsabgeordneten X und Y als Expertin hinzugezogen; ihre Website ist professionell gestylt, die Zahl der Fremdsprachen nötigt einem einigen Respekt ab. Wenn man all das vorher gewusst hätte, wäre man furchtbar eingeschüchtert gewesen, aber wenn man Kiraz in ihrer Freizeit begegnet, merkt man ihr ihre Nadelstreifenkrarriere und Gehaltsstufe nicht an: eine leger gekleidete Frau, auf der Party trägt sie etwas Glitzerndes von Zara, zu anderer Zeit kann man ihr im Stadtpark beim Joggen begegnen – in den ältesten Jogginghosen, die in den Morgenstunden durch diesen Park getragen werden.

In ihrer Aktentasche hat sie immer eine Gartenschere, damit sie sich auf dem Weg zur Arbeit noch schnell im Vorgarten eine Rose abknipsen kann, wenn eine blüht, und der Vorgarten ist auch stets bestens gepflegt, denn Kiraz wohnt: im Hotel Mama. „Hotel Mama", lacht sie, „so sagt mein Vater das immer, damit zieht er mich auf. Dabei lässt er sich's ja auch ganz schön gut gehen bei uns zu Hause! Meine Mutter ist halt eine richtige Übermutter. Sie hat mich und meinen Bruder, der wohnt ja auch hier, wir verstehen uns gut, wir gehen sogar viel zusammen aus. Und meine Mutter kocht und putzt und schafft und tut – sie hat sogar zu meinem Vater gesagt, sie will ein oder zwei von diesen Straßenkindern aus der Türkei adoptieren, die keine Eltern mehr haben! Da hat mein Vater gesagt, bist du verrückt, unsere Kinder sind erwachsen, da willst du wieder welche?"

Kiraz sagt, dass sie aus zwei Gründen Dauergast im Hotel Mama bleiben will, bis sie eines Tages vielleicht mal heiratet. „Erstens: aus Bequemlichkeit. Und ich bin wirklich kein alltagstauglicher Mensch. Kennst du das Märchen von E. T. A. Hoffmann, *Der goldene Topf*? Da gibt es diesen Anselmus, bei dem geht immer alles schief. Sein Butterbrot fällt auf die Butterseite, wenn er etwas schreibt, spritzt die Tinte übers Papier, er stolpert andauernd. Ein bisschen so'n Typ bin ich auch. Und wenn ich allein leben würde, da müsste ich andauernd einkaufen gehen und waschen, und den ganzen Krempel – bügeln und so'n Scheiß – da hab ich echt keinen Bock drauf! Da mache ich lieber was anderes. Ich bin ja ein richtiger Workaholic, und dann die ganzen Vereine, ich mache tausend Sachen – das würde ich sonst gar nicht schaffen. So aber komme ich nach Haus, und das Essen ist gemacht. Und es gibt noch einen zweiten großen Vorteil: Wenn man alleine lebt, muss man ja immer organisieren, wenn man Gesellschaft haben will. Morgens, wenn man frühstücken gehen will, ist keiner zu erreichen. Am Wochenende, das muss man sich genau überlegen, mit wem geht man wohin? Aber so hat man immer jemanden um sich herum. Mami und Papi sind immer da, und morgens kann man schon mal ein bisschen quatschen, abends kann man seiner Mutter das Herz ausschütten, und den Rest der Zeit bin ich unterwegs."

Kiraz, die sich selbst nicht vorstellen könnte, für einen etwaigen Ehemann neben ihrer Berufstätigkeit noch den Haushalt zu schmeißen, beobachtet bei „Mami und Papi" eine ganz klassische Arbeitsteilung und findet sie auch verständlich. Während ihre Mutter die „Übermutter" ist, ist ihr Vater „ein richtiger Mann: Der hat im Haushalt noch nie viel gemacht. Manchmal sagt meine Mutter, du könntest mir schon ein bisschen zur Hand gehen – aber andererseits, er ist ja nicht faul oder so! Er repariert, egal was kaputt ist: Auto, Waschmaschine, das Bettgestell. Er war sogar bei mir im Büro und hat meinen Drucker repariert! Bei uns war noch nie ein Handwerker, so viel kann mein Vater, und so viel macht er auch. Er ist ein ganz, ganz fleißiger Mann, bevor er in Rente ging, hat er manchmal von fünf Uhr morgens bis zehn Uhr abends gearbeitet. Und deswegen, wenn meine Mutter sich beschwert, hilf mir doch auch mal im Haushalt, dann verteidige ich ihn sogar: ,Lass ihn doch.'"

Eine glückliche Familie, ab und zu der übliche kleine Zwist um den Haushalt, ein gemütliches Nest. Momentan allerdings hat unser Anselmus das eine oder andere kleine praktische Problem, denn die Mutter ist letztes Jahr in Rente gegangen. Der Vater ist schon länger Rentner. Daher sind die Eltern in ihrem Urlaub flexibel, und das haben sie in diesem Jahr zum ersten Mal genutzt, um für vier Monate in die Türkei zu gehen. Im Elternhaus von Kiraz und ihrem Bruder sieht es – gut, als Gast sollte man nicht unhöflich werden – aber es sieht ein bisschen nach Mutterabwesenheit aus. „Das mit der Waschmaschine ist ein Problem", gibt Kiraz ungefragt zu. Wir stehen in der Küche, und der Anblick des geschlossenen Bullauges ruft bei ihr heftiges Stirnrunzeln hervor. „Gut, so schwer kann das nicht sein, irgendwo muss sie ja angehen. Aber ich bin froh, dass mein Bruder rausgekriegt hat, wie. Der macht das jetzt. Dafür mach ich das Kochen. Und guck mal her", sagt sie und richtet zwei riesige Salatteller an, „den Salat hab ich uns gemacht. Schmeckt gut, oder?"

Es schmeckt in der Tat sehr gut. Mein Tonbandgerät gibt davon zwei Minuten lang nur Schmatzgeräusche wieder. Und dann Kiraz' zufriedenen Kommentar: „Merkt man gar nicht, dass ich die Gurken und Tomaten im Kühlschrank aufgehoben habe, ist noch ganz frisch!" Noch mehr Schmatzen. „Ja, weißt du, viel wichtiger als wo man wohnt ist, dass man im Kopf selbstständig ist, im Kopf frei von seinen Eltern. Wenn man bei seinen Eltern lebt, lernt man automatisch immer mehr, sich von ihnen abzugrenzen. Das heißt nicht, dass ich auf ihren Rat nicht höre. Ich höre schon zu! An irgendeinem Punkt habe ich nämlich gemerkt, dass Freunde und der Rest der Welt bisweilen doch sehr egoistisch sein können und Eltern einem den ehrlichsten Rat geben; auch wenn sich später herausstellt, dass er nicht richtig war, war er doch wenigstens aufrichtig gemeint! Und mit meinem Intellekt kann ich ja dann immer noch entscheiden, ob das vernünftig ist oder ob ich mich dagegen entscheide." Und wie man Salat macht, hat Kiraz sogar ganz alleine herausgefunden.

Alleine sein

Und wie erging es Hamide, die ihr Vater ermutigte, in Hamburg zu studieren, obwohl am Schwarzen Brett ihres Studentenwohnheims das Angebot zum Studienplatztausch angeschlagen war? Was geschah, nachdem Hamides Vater und Mutter nach einem ganzen Tag streichen, Regalböden einlegen, Bücher einsortieren und Kleider in den Schrank hängen erschöpft wieder nach Saarbrücken abfuhren?

„Ich war völlig fertig und verschwitzt und wollte duschen", erzählt Hamide. „Und da hab ich gemerkt: Es gab nur Duschen für Männer und Frauen gemeinsam! Da war nicht mal ne Tür dazwischen, vorne die Toiletten, und im selben Raum ging es weiter mit den Duschen." Das war ihr zuviel. Also hat sie nicht geduscht. Zwei Tage lang hat sie nicht geduscht, um genau zu sein, und sich einen Termin bei der Verwalterin geben lassen und ihr mitgeteilt, dass sie Gemeinschaftsduschen eine ziemliche Zumutung findet für Leute, die das nicht gewöhnt sind. „Die Verwalterin war sehr entgegenkommend, es hat ihr auch irgendwie Leid getan, und sie hat angeboten, mir einen Schlüssel zu geben, dann hätte ich das ganze Bad abschließen können für die Zeit, während der ich unter der Dusche war. Aber das wollte ich nicht. Dann hätten die anderen derweilen nicht einmal auf die Toilette gehen können, das war auch unfair, und ich wollte auch nicht so eine Extrawurst. Nein, ich hab was anderes gemacht: Ich habe in den ganzen Briefen nachgeguckt, die ich bekommen habe, als ich um einen Platz im Studentenwohnheim nachgefragt habe. Da waren ja mehrere Antworten gekommen, und ich hatte mir nur die beste rausgesucht. Und dass ich die anderen überhaupt noch hatte, alle fein säuberlich in einer Mappe, das lag auch wieder an meinem Vater. Er hat gesagt: Hamide, du nimmst alles mit, alle Unterlagen, alle Briefe, wer weiß, wozu du die noch mal brauchst."

Also hat Hamide das Angebot eines anderen Studentenwohnheims wieder herausgekramt, das ihr zunächst nicht so günstig erschienen war, und mit diesem Wohnheim das große Los gezogen: eine wunderschöne alte Villa an der Alster, die die frühere Besitzerin dem Caritasverband mit der Auflage vermacht hatte, ein internationales Studentinnenwohnheim daraus zu machen. Mit dem Taxi hat Hamide all ihre Sachen dorthin gefahren, ist ihr ganzes Studium dort geblieben, hat dort viele langjährige Freundinnen kennen gelernt. Hingegen Männer kennen zu lernen, daran lag ihr nicht viel – als Kumpel ja, als Kommilitonen; aber sie hatte keinen Freund, und Heiraten lag in weiter Ferne. Das Wohnheim war für sie die ideale Lösung zwischen allein – und doch nicht allzu allein! – leben.

Eine Lösung, um die sie die Apothekerin beneidet, von der wir vorhin schon gehört haben, die das ganze Studium über bei ihren Eltern gewohnt, danach ihren Freund geheiratet und ihre drei Kinder bekommen hat. „Im Nachhinein denke ich, ich hätte mal besser in ein Studentenwohnheim gehen sollen. Alleine leben sollen, schauen, was es so alles gibt! Jetzt ist es so, dass ich noch nie alleine gelebt habe, kein einziges Jahr, und ich komm sowieso gar nicht mehr raus, zwischen Kindergarten und Haushalt oder der Apotheke. Das Leben ist an mir vorbeigezogen, wirklich, es ist nichts geschehen, ich habe nichts erlebt, und ein Jahr nach dem anderen vergeht einfach so."

Nicht, dass sie nicht glücklich wäre mit ihren Kindern und ihrem Mann – doch das Gefühl, etwas verpasst zu haben, lässt sie nicht los. Als das zweite Kind geboren wurde, nahm sie drei Jahre Erziehungsurlaub; als der um war, war der jüngste Sohn schon da. Je länger sie von der Apotheke weg blieb, desto deutlicher merkte sie, wie wenig Lust sie verspürte, wieder dorthin zurückzukehren. Obwohl ihr der Gedanke, zu Hause zu bleiben, genauso wenig gefällt. Seitdem auch der Kleinste tagsüber im Kindergarten ist, kommt sie nach ihrer Runde bei Schule, Kindergarten und Supermarkt ins leere Haus, sieht leere Zeit lawinenartig auf sich zu kommen – und erschreckend schnell an sich vorüberziehen. „Ich sitze hier und denke: Gut, jetzt hast du endlich Zeit für dich. Das willst du doch immer. Und was machst du damit? Nichts! Ich warte immer darauf, dass irgendetwas um die Ecke kommt, eine Aufgabe oder so, etwas Interessantes – aber es kommt ja nichts! Ich habe nie gelernt, mal auf etwas zuzugehen. Man könnte sicherlich viel machen, überall gibt es Dinge, die man unternehmen kann. Aber ich habe völlig verlernt, selber etwas zu machen, und komme mit mir alleine gar nicht zurecht."

Mit sich allein zu sein will bekanntlich gelernt sein. Und selbst wenn man es gelernt hat, ist es nicht immer einfach. Auch wer in jungen Jahren schon aus dem Hotel Mama ausgecheckt hat, merkt nämlich bald: Den ganzen Tag selbst gestalten zu können – und füllen zu *müssen!* – ist ein Privileg und eine harte Aufgabe zugleich, ob im Studium oder später. Nicht ohne Grund zeichnen die vielen Sendungen im deutschen Fernsehen von alleinlebenden Frauen ein ambivalentes Bild: Da sehen wir zielstrebige, berufstätige, an der Oberfläche immer fröhliche Frauen zwischen Glamour und Einsamkeit. Einerseits unterstellt man, dass es sich um besonders selbstbewusste Frauen handele, die im Vergleich zu ihren familienorientierten Altersgenossinnen mehr Zeit für Selbstverwirklichung hätten, man traut ihnen zu, ein amouröses Abenteuer nach dem nächsten zu haben, und sieht sie stets munter im Kreis ihrer Freundinnen schwatzen; andererseits drehen sich die Dialoge mit diesen Freundinnen immer um die Männer, die man nicht oder nicht mehr an seiner Seite hat; die Nächte werden, wenn man Hollywood glaubt, mit Schokoladeneis-Fressattacken verbracht, und die WHO prophezeit Single-Frauen frühzeitige Herz-Kreislauf-Erkrankungen und sonstige Leiden.

Zieht man die mannigfaltigen amourösen Abenteuer einmal ab, die bei deutsch-türkischen Frauen noch seltener anzutreffen sind als bei ihren deutschen Freundinnen aus dem echten Leben, sieht es bei den Alleinstehenden in Kreuzberg nicht anders aus als in Berlin Mitte: Freundinnen werden Tag und Nacht konsultiert, jedes freudige und unerfreuliche Ereignis wird mit ihnen zehnfach hin- und hergewälzt, Freundinnen werden zur eigentlichen Partnerin, zum Allerwichtigsten im Leben erklärt – und dann plötzlich vernachlässigt, sobald ein potentieller Märchenprinz am Horizont entlang galoppiert. Sieht man vom Pferd irgendwann nur noch die Kruppe, sind die Freundinnen Gott sei Dank immer noch da ...

Außer im Urlaub. Denn sobald die Urlaubszeit naht, sind Freundinnen eine rare Sache. „Ich weiß auch nicht, woran das liegt", erklärt die 34-jährige Yayla, die tausend Ideen hat für schöne Urlaubsorte in und außerhalb der Türkei, „immer, wenn ich Urlaub habe, hat niemand anders welchen. Oder es sind halt Freundinnen mit Kindern. Aber Familien mit Kindern fahren anders in Urlaub, und die fahren auch lieber mit anderen Familien in Urlaub, damit die Kinder miteinander spielen können. Vielleicht würde es mich ja auch selbst nerven, wenn da immer ein Kind um mich herum ist, so gern ich die habe, aber morgens um halb acht ..." Einmal hat Yayla ein befreundetes Paar ohne Kinder gefragt, ob sie mitkommen könnte, und es wurde eine sehr schöne Woche. Aber das Gelbe vom Ei ist das nicht, und Yayla möchte auch nicht das Gefühl bekommen, vor jedem Urlaub jemanden „anbetteln" zu müssen, um nicht allein zu sein.

Wie also macht sie es? Sie plant einen Urlaub allein in einem Club an der türkischen Riviera, bricht ihn nach einer Woche ab und flüchtet zu nicht mehr so guten Freunden nach Ankara: Es ist einfach zu langweilig den ganzen Tag am Strand. Oder sie plant *keinen* Urlaub und ruft in letzter Minute bei der älteren Schwester an: Wohin fährst du dieses Jahr? Wäre da noch ein Plätzchen frei? (Aber bitte, halte mir dieses Jahr nicht wieder einen Vortrag, wie ich mein Leben führen soll.) Oder Yayla plant keinen Urlaub und ruft auch *nicht* ihre Schwester an – „die kann ihre Belehrungen einfach nicht lassen!" –, sondern besucht Freunde in Köln, Freunde in Süddeutschland, die Mutter in Stuttgart.

Das war allerdings erst mal gewöhnungsbedürftig. Vielleicht dachte die Mutter, ihre alleinstehende Tochter habe noch Kapazitäten frei ... Jedenfalls war immer, wenn Yayla ihre Mutter besucht hat, gerade Putztag. Da kann man als Tochter ja schlecht tatenlos herumstehen, also hat Yayla mit angepackt. „Aber das wurde mir auf Dauer wirklich zu blöd, da ist es Urlaub, und am ersten Tag krieg ich schon raue Hände. Mama, das ist doch Urlaub, hab ich ihr dann mal gesagt, da will ich nicht putzen, da will ich ausruhen und es schön haben. Und zack, ich hätte auch nicht gedacht, dass das so gut funktioniert, seitdem ist immer schon geputzt, wenn ich komme, und sie kocht mir die leckersten Sachen, ich lege praktisch nur die Füße hoch, und sie sagt: Das ist dein Urlaub. Wieso machst du nicht den Fernseher an?"

Was Yayla, weil sie zu Hause keinen Fernseher hat, bei einem vorübergehenden Besuch im Hotel Mama auch gern tut. In einem plüschüberladenen Fernsehsessel in ihrer Heimatstadt Stuttgart, die sie schon in ihrer Kindheit über bekommen hat, schaut sie Urlaubssendungen im Shopping-Kanal und beantwortet SMS von ihrer Freundin aus Schweden.

Hin und wieder nutzt ihre Mutter die gemütliche Atmosphäre, um unauffällig die „Ich-wäre-so-gern-Großmutter"-Problematik anzusprechen, da verteidigt sich Yayla lautstark: „Aber ich wollte halt weder X noch Y, obwohl die mich offensichtlich geliebt haben." Und sie richtet die leise Frage an sich selbst: „Hätte ich dann vielleicht nicht doch wenigstens Z nehmen sollen, dann wäre auch ich jetzt in Schweden – und hätte Kinder?"

Vielleicht ist es das Schönste im Leben einer Singlefrau, *nicht* die Probleme der Liierten und Verheirateten zu haben – Nörgeleien, Kompromisse, mit denen man nicht glücklich wird, und Sex wie eingeschlafene Füße. Sondern dafür andere Probleme, die immerhin nicht auf ewig angelegt sind und die man sich immerhin selbst eingebrockt hat.

Aber auch diese Freiheiten kann man nicht genießen, wenn einen die Vergangenheit nicht los lässt. Wenn der Ex-Freund nicht locker lässt. Und wenn die Umgebung einen fallen lässt, weil man als alleinlebende Frau für eine bedrohliche Erscheinung gehalten wird. In dieser Situation befindet sich Tekay: ein lieber, gutherziger Mensch. 26-jährige Mutter eines neunjährigen Sohnes. Eine junge Frau mit einer sanften, immer freundlichen Stimme, deren beste Freundin ihr regelmäßig die Haare macht, die absolut modisch gekleidet ist, deren funkelnagelneues Handy jede Viertelstunde eine SMS anzeigt und bei der man sich gar nicht vorstellen kann, dass sie ihre Freizeit irgendwie anders verbringt als mit Treffen in Eiscafes und Shoppen in Hanaus Einkaufszentren.

Welche Freizeit? Wenn Tekays ehemalige Schwiegereltern nicht wären, würde sie es gar nicht schaffen; sie holen den Sohn von der Schule ab, machen mit ihm die Hausaufgaben, essen mit ihm zu Abend; um kurz nach acht holt Tekay ihn dort ab. Um acht Uhr schließt nämlich der Lebensmittelladen, in dem Tekay als Aushilfe arbeitet. Seitdem sie dort ist, hat ihr Alltag eine gewisse Regelmäßigkeit bekommen, und der Pegelstand ihres Portemonnaies auch. Mit 16 kam sie nach Deutschland, einen Schulabschluss hat sie nicht, und sie musste gleich mit dem Jobben anfangen. Zuerst hat sie bei einer Putzfirma gearbeitet, ein Jahr lang. Danach ihr Kind bekommen. Danach in einer Pharmafirma gearbeitet, im Labor. Danach ein Jahr als Bürohilfskraft – das nötige Deutsch hat sich Tekay ganz allein beigebracht – und als Aushilfe in einem Lebensmittelmarkt. Als sie bereits geschieden waren, hat sie bei ihrem Ex-Mann gearbeitet, in einem Lebensmittelkiosk, zu dem ihm der Vater das Geld gegeben hatte. Doch Tekays Ex-Mann – auch er hat nie einen Beruf erlernt – hat offenbar kein Händchen für ein eigenes Geschäft. Nach drei Monaten musste er wieder zu machen und hatte nur noch Schulden.

Dieser Mann, sagt sie rückblickend, habe sie nie wirklich heiraten wollen. „Ich war ihm ganz fremd, es war die Idee seiner Mutter, die unbedingt wollte, dass er eine Türkin heiratet. Aber er selber war ja schon beinahe ein Deutscher, er ist hier geboren, hier aufgewachsen. Er hatte deutsche Freundinnen hier – und die hat er auch weiterhin behalten, als wir verheiratet waren." Tekay, seit ihrem vierten Lebensjahr Halbwaise, wurde von ihrer Mutter zu der Ehe gedrängt. Anders als viele andere „Importbräute" kam sie nicht aus einem Dorf im ländlichen Anatolien, sondern aus der am Mittelmeer gelegenen Fast-schon-Großstadt Adana. Sie hatte Freundinnen, sie hatte nach einem Job in einer Firma gefragt, in dem die Frau ihres Schwagers arbeitete. Sie hoffte, später einmal zu heiraten und vorher noch einige Jahre in Adana zu genießen: mit seinen Geschäften, seinen Lokalen, Jahre voller Sonne, am Meer und am Strand. Nach zwei Wochen Kennenlernen hat sie ihren Mann geheiratet. Mit 16 hatte sie einen Ehemann, bald auch ein Kind – sie sagt, sie habe eine kurze Kindheit gehabt, ihre Jugend praktisch wie eine erwachsene Frau geführt, und ist heute kategorisch dagegen, dass Jugendliche so früh heiraten.

Tekays Mutter und die Schwestern blieben in Adana, außer ihrem Mann kannte Tekay in Deutschland keinen Menschen. Hatte sie dort ein abwechslungsreiches Leben geführt, wusste sie hier nicht, wohin mit sich – und wenn doch, dann mit wem? Ihr Mann konnte mit seiner Frau nicht viel anfangen. „Wie gesagt, der hatte ja auch bereits eine Freundin. Aber die konnte er bei seiner Mutter nicht durchsetzen, oder er hat sich nicht getraut. Wir haben ja versucht, zusammenzuleben, aber es ging nicht. Immer ist er fremdgegangen. Er hat mir das Herz gebrochen, viele Male! Vor vier Jahren haben wir uns scheiden lassen – oh, ich bereue es."

Was bereust du, Tekay, die Heirat oder die Scheidung? „Ich bereue beides. Es war falsch, ihn zu heiraten, und es ist schlimm, sich scheiden zu lassen. Und meine Mutter bereut es auch. Als sie gemerkt hat, dass die Ehe nicht gut geht, hat sie sich geschämt: Ich bin schuld, dass du da bist, wo du jetzt bist, hat sie zu mir gesagt. Und es ist so schwer für eine Frau hier alleine."

Tekay lächelt, während sie dies sagt. Tekay lächelt eigentlich fast unentwegt, das schüchterne, freundliche Lächeln eines viel jüngeren Mädchens, das sehr zu Herzen geht. Sie vermisst ihre Mutter, auch nach zehn Jahren Deutschland noch, sie nennt sich eine Muttertochter und sagt, sie spüre jeden Tag schmerzlich, dass ein wichtiger Teil ihres Erwachsenwerdens notgedrungen – und mit Schaden – ohne Mutter vonstatten ging.

Zuerst war das Alleineleben schwer, weil Tekay gar nicht wusste, wie sie sich und ihren Sohn ernähren sollte. Der Ex-Mann hatte ja kaum Geld. In die Türkei zurückzugehen, hat sie oft in Erwägung gezogen, aber dem Sohn zuliebe nicht durchgeführt: Er soll eine gute Schulbildung bekommen. Er soll nicht herausgerissen werden aus der ihm vertrauten Umgebung. Und irgendwann hatte sich Tekay auch beim Sozialamt durchgefragt. Sie erfuhr, dass in Deutschland die Wohnung vom Sozialamt bezahlt wird, wenn man selbst die Miete nicht aufbringen kann, und sie und ihr Sohn leben auf zwei engen Zimmern an einer Ausfallstraße kurz vor der Bürostadt.

„Meine Mutter hat mir gesagt, ich soll ausgehen, ich soll nicht zu Hause bleiben, ich soll einkaufen gehen, Spaß haben. Das hat mich ermutigt, dass meine Mutter das gesagt hat. Sie hat gesagt, wenn du weinst, mach deine Musikanlage an und tanze, auch das hat mir Mut gemacht. Ich habe die Musik ganz laut aufgedreht, dann ging es mir besser."

Das Tanzen hat gegen die Depressionen nicht geholfen. Als sie 24 war, versuchte Tekay, sich umzubringen. Drei Wochen war sie in einer psychiatrischen Klinik, ihr Sohn lebte bei den Schwiegereltern. Danach kehrte sie in die

Zweizimmer-Wohnung an der Ausfallstraße zurück. Es gibt einen Satz, den sie wiederholt wie ein Mantra, das an Kraft, aber leider nicht an Wahrheit verloren hat: „Es ist so schwer für eine Frau allein." Was sie sich von einem Mann wünsche, sei Liebe! Nestwärme, sagt Tekay. Das Gefühl, dass jemand für sie da ist, Sicherheit – man könnte fast sagen, eine Mutter in Mannesgestalt. Andererseits sagt sie – lächelnd: „Ich weiß gar nicht, ob ich wieder einen Mann richtig lieben kann." Verlieben könne sie sich schnell, aber richtig lieben?

Wo aber sind die viel gerühmten Freundinnen – können die ihr, bis es wieder Zeit für die Liebe ist, keine Zuneigung und Wärme geben? „Ja, ich hatte Freundinnen, aber es sind nicht mehr viele. Ich möchte keinen Kontakt mehr zu ihnen haben. Seitdem ich geschieden bin, ist es so schwierig geworden. Die haben ja zu Hause einen Mann ..." Es ist doch nichts Schlimmes dabei, wenn die anderen einen Mann haben, könnte man meinen, aber Tekay hat schlechte Erfahrungen gemacht. Der Freund ihrer einen Freundin hatte sie, als er ihr alleine begegnete, angemacht, direkt sexuell aufgefordert.

Es gibt nämlich Männer, erklärt Tekay, die denken, eine geschiedene Frau sei für jeden „zu haben". Das noch größere Problem ist aber, dass es nicht nur Männer gibt, die so denken, sondern auch Frauen: „Und deswegen sehen viele Frauen eine geschiedene Frau auch als Gefahr an. Jetzt, wo ich geschieden bin, denken manche Freundinnen, ich könnte mich an ihre Männer ranmachen. Obwohl ich gar nichts tue in der Richtung, so was würde ich nie tun! Ich versteh es auch nicht ganz, wie sie überhaupt darauf kommen. Ich finde, es sollte so nicht sein, aber ich merke, dass sie dieses Misstrauen haben, und darum halte ich mich lieber fern, bevor es zu Missverständnissen kommt."

Nach der Trennung von ihrem Mann hat Tekay einen anderen Mann kennen gelernt und sich in ihn verliebt. Nein, auch er hat keinen richtigen Job gehabt. Mal hier, mal da. Andeutungen lassen vermuten, dass nicht alles davon legal war. Aber er war ein netter Mann – zunächst. „Doch dann wurde er so eifersüchtig. Und er hat so übertrieben! Wie verrückt hat er sich aufgeführt, und als ich mich getrennt habe, hat er auch nicht aufgehört. Stell dir mal vor, seit sechs Wochen sind wir nicht mehr zusammen, und er schläft jede Nacht in seinem Auto. Vor meiner Tür! Er macht mir Terror, er kommt jeden Tag mit Rosen. Er ruft mich ständig an. Ich sage ihm, es ist aus, bitte melde dich nicht mehr, und du musst doch auch nachts richtig schlafen, aber er kommt immer wieder."

Tekay traut sich schon gar nicht mehr in Ruhe aus ihrer Wohnung, weil ihr Ex-Freund fast immer da ist, um sie abzufangen: Wo will sie hin? Er ist auch da, wenn sie von einer Feier mit ihren Freundinnen nach Hause kommt. Und er kontrolliert ihre Wohnung sogar, wenn sie bei der Arbeit ist. „Mein Nachbar hat ihn gestern angesprochen, was er da tut, und sie haben über mich gesprochen. Er hat direkt Angst um mich, hat der Nachbar gesagt, offenbar ist mein Ex-Freund wütend, richtig aggressiv. Ich habe Angst, dass er ein bisschen verrückt wird, er könnte mir was antun, er will einfach nicht verstehen, dass ich jetzt nicht mehr mit ihm zusammen bin."

Vielleicht sollte sie bei der Polizei anrufen, wenn es gar zu schlimm wird, oder bei einer Beratungsstelle fragen, was man da am besten tut, überlegt Tekay. Aber dann driften ihre Gedanken von der Frage, wie sie sich schützen könnte, zu einem schöneren Zustand von dauernder Geborgenheit und Sicherheit. Familienglück: „Ich möchte noch ein Kind, ein Mädchen! Und ich möchte unbedingt jemanden kennen lernen, und ich möchte ihn lieben, und er soll mich auch lieben, aber so richtig! Und ich muss ihm vertrauen können, natürlich. Er soll nett sein, er soll die anderen Menschen achten, er muss ein gutes Herz haben, einen richtigen Job haben. Es muss nicht viel Geld sein, er kann ruhig wenig Geld verdienen, aber es soll ein sauberer Job sein. Wenn ich satt bin, wenn ich Klamotten habe, das reicht mir, ich will nicht viel Geld."

Während der vielleicht fünf bis zehn Minuten, in der Tekay das Bild von diesem Mann entwirft, hat ihr Handy drei Mal geklingelt und vibriert: Anrufe und SMS von ihrem Ex-Freund, der wissen will, wo sie steckt, mit wem, und wann sie sich wiedersehen. Tekay drückt die Nachrichten einfach weg. Ihr Handy kann sie nicht ausschalten, das traut sie sich nicht, falls mit ihrem Sohn etwas ist. Sie will sich eine neue Nummer geben lassen, sagt sie. Vielleicht wird sie in eine andere Wohnung ziehen und ihm nicht sagen, wohin.

Zwei Wochen später hat sie eine neue Handynummer; zwei weitere Wochen danach ist sie wieder mit ihrem Ex-Freund zusammen. „Er liebt mich wirklich", sagt sie, mit demselben Blick, mit derselben sanften Stimme, mit der sie gesagt hat, wie schwer es ist, allein zu sein. „Wir sind so glücklich. Wir wollen heiraten." Doch es fällt schwer, ihr aufrichtigen Herzens zu gratulieren.

Männer wie selbst gebacken

Weichheit, Lächeln, eine Anfälligkeit für jeden, der Geborgenheit und Sicherheit zu geben verspricht – in diesem behütenden, watteweichen Tagtraum, aus dem die Halbwaise und Muttertochter Tekay jeden Tag erneut erschrocken erwacht, hat die pragmatische Hamide in ihrem gesamten Leben zusammen genommen noch keine volle Stunde verbracht. Sie hat sich ihr Zimmer in der Villa an der Alster eingerichtet. Sie hat das Studium durchgezogen, zwei Semester unter der Regelstudienzeit. Sie hat sich einen Praktikumsplatz gesucht, der ihren Vorstellungen entsprochen hat, und bis sie ihre Approbation hatte, hat sie sich kein einziges Mal nach einem Mann umgeschaut.

„Und danach auch viele Jahre nicht. Erst als ich dann auch meinen Facharzt hatte, habe ich gedacht, jetzt könntest du dich um eine Familie kümmern. Aber es musste nicht sein! Ich war sehr glücklich in meinem Beruf, und ich wollte auch nie heiraten, nur um geheiratet zu werden. Meine Eltern wollten das auch nicht. Aber wenn, da hatten sie schon eher die Vorstellung, ich solle einen Türken heiraten; das kam wohl daher, dass es in unserem Bekanntenkreis schon einige gescheiterte binationale Ehen gab. Wir hatten etliche türkische Freunde, die deutsche Partner hatten, sowohl Männer als auch Frauen, und keine einzige Ehe hat Bestand gehabt. Alle sind in die Brüche gegangen, nachdem Kinder da waren."

Also haben Hamides Eltern die Initiative ergriffen – und zwar nicht nur eine! „Meinen Mann habe ich über Bekannte in Istanbul kennen gelernt. Mein Vater ist in dem alten Stadtteil Fatih geboren und groß geworden, und die Mutter meines Mannes auch. Und da haben sich wohl Bekannte von Bekannten irgendwo getroffen und gesagt, wir kennen da jemand, und so kam es, dass der Vater meines Mannes irgendwann bei uns angerufen hat."

Hamide lebte damals wieder bei den Eltern. „Ich weiß noch genau, es war ein Dienstag, ich wollte zum Sport, da sagte meine Mutter, als das Telefonat beendet war: ‚An diesem Wochenende nimmst du dir mal bitte nichts vor, ja?' Und ich sagte: ‚Nicht schon wieder einer!' ‚Doch', sagte sie, ‚die kommen extra aus der Schweiz.' Das kann ja lustig werden, dachte ich; ich war ohnehin schon so genervt, weil andauernd Leute kamen und ich schon auf den ersten Blick sagen konnte, nee, das wird nichts. Wenn jemand mit manikürten Fingernägeln vor mir sitzt oder mit toupierten Haaren, das kann meinetwegen der reichste Mann der Welt sein – keine Chance."

Und es wurde ihr tatsächlich der eine oder andere wohlhabende Mann vorgestellt. „Wenn wir in der Türkei waren, war es auch so: Da hieß es dann immer, ‚komm, wir gehen mal deine Tante besuchen'. Okay. Und dann kommt man da rein, da sitzt ein Club von Frauen mit einem jungen Mann dazwischen. Meine Tante sagte: ‚Das ist toll, der ist Kieferorthopäde, der hat überall Häuser, der ist so was von reich.' Ich, genervt: ‚Kann ich bitte mal allein mit dem reden?' Und nach zwei Sätzen war mir klar, der Mann hängt nur am Materiellen, der hat sonst gar keine Wertvorstellungen, der passt nicht in mein Leben. Oder einer fragte mich: ‚Glaubst du an das Übernatürliche?' Ich dachte, er meint Religion, und sagte ja. Und er: ‚Der Däniken ist schon ein toller Mann!' – Ich musste Acht geben, dass ich nicht laut loslache!"

Ungerührt ließ Hamide einen potentiellen Bräutigam nach dem anderen abblitzen, Kieferorthopäden, Versicherungsangestellte und Ingenieure; und zur Abwechslung kam jetzt also mal einer aus der Schweiz. „Da wurde er von seinen Eltern herangekarrt, und ich dachte: Na, das scheint ja ein ruhiger Typ zu sein, der hat seinen Mund nämlich nicht aufgekriegt. Überhaupt nicht!" Er ist heute übrigens immer noch ruhig. Wer Hamide und ihren Mann und die drei Kinder zusammen sieht, bekommt ein schönes, harmonisches Bild geboten, muss sich angesichts dieser Kombination aber auch ab und zu ein Grinsen verkneifen: Hamide mit wilden Locken, ausufernden Gesten, die lacht und strahlt und in einem fort erzählt; drei muntere Kinder, die nichts als naturwissenschaftliche Fragen im Kopf und Hummeln in den Beinen haben; und ein schweigsamer, geduldiger, sanft lächelnder Mann, der diese Fragen zu beantworten sucht, während die Kinder auf ihm herumtollen wie auf einem pädagogisch optimierten Klettergerüst.

Aber zurück zu den ersten Momenten: „Und dann, in Gesprächen mit seinen Eltern, vor allem allerdings in Gesprächen mit seiner Mutter, habe ich gemerkt: Aha, da gibt es familiär wenigstens schon mal dieselbe Basis. Die Eltern gefallen mir, da dürfte eigentlich nicht so was ganz anderes rausgekommen sein. Also hab ich die Bohrmaschine ausgepackt, damit der auch mal seinen Mund aufmacht und ein bisschen was erzählt. Viel war es nicht, aber ich dachte, ja, doch, die Wertvorstellungen stimmen überein. Der Familiensinn. Die Lebensziele. 1990 haben wir uns kennen gelernt, das war am 13. Juli, und 1993 haben wir dann geheiratet."

Man kann keinen Menschen durch und durch kennen, niemals, auch nach Jahren nicht, räumt Hamide ein; aber so viel Einblick wie möglich zu bekommen, das war ihr doch wichtig. Das Kennenlernen der beiden war schwierig genug: Hamides Bräutigam in spe arbeitete damals in der Schweiz, außerdem war er oft im Ausland unterwegs; Hamide ihrerseits hatte andauernd Nachtdienste. Und so waren sie darauf angewiesen, Wochenenden zu finden, die sie zusammen verbringen konnten, zum Beispiel in Hotels in den Bergen, in der Schweiz.

„Nur telefonieren alleine hätte nicht gereicht", meint Hamide, „ich denke, es ist wichtig, nicht nur das Gerede zu hören, sondern auch die Mimik dazu zu haben, in die Augen zu gucken oder zu sehen, wie sich Menschen in bestimmten Situationen verhalten, ob das nun in einem Restaurant ist oder in einem beengten Raum oder in Gesellschaft, das ist alles wichtig. Manchmal treten da Seiten zutage – bah! Da denkst du nur, ein Glück, dass du noch nichts Festes zugesagt hast!"

All denen, die schon mal das Glück hatten – oder in der Notlage waren –, auf einer Partnerbörse im Internet einen Mr. oder eine Mrs. Right kennen zu lernen, wird das nicht fremd sein. Zuerst erfährt man Alter, Ausbildung, Beruf, Einstellung zur Ehe, eventuelle Kinderwünsche, und oft sind schon Wochen vergangen, bis man sich, aufs Schlimmste gefasst, das erste Mal gegenübersteht.

Nun, wenn man das Opfer verwandtschaftlicher Kuppelbemühungen wird, ist immerhin die Sympathiefrage meist auf Anhieb geklärt ... Bei beiden Formen der Partnersuche aber wird das Pferd gewissermaßen von hinten aufgesattelt, verglichen jedenfalls mit dem üblicheren Ablauf romantischen Kennenlernens, indem man jemandem zufällig, „ohne Absichten" begegnet, sich leise hingezogen fühlt, einander wieder sieht. Zuerst merkt man: Ich mag ihn, und irgendwann kommt die überraschende Einsicht, der beglückende Moment: Ich habe mich ja verliebt!

Natürlich kann man einwenden, diese „Überraschung" in freier Wildbahn sei ohnehin nur eine vor sich selbst und anderen gut aufrecht erhaltene Illusion; aber sie ist nun einmal wesentliches Element der Dramaturgie einer romantischen Liebe – es sei denn, diese gehört dem Genre der „Liebe auf den ersten Blick an", die sich beim Tantentee genauso wie beim Partyplausch oder beim per E-Mail vereinbarten Blinddate in einer verschwiemelten Gerichtskantine ereignen kann.

Kurz und gut, beim absichtsvollen Kennenlernen werden die wesentlichen Fragen auf eine Art und Weise systematisch abgeklopft, dass es den Romantikerinnen und Romantikern, die doch nur verschämt zugeben, dass auch sie sich für Einkommen, Zukunftspläne, Selbsteinschätzung und Partnerwunsch ihrer neuen Flamme interessieren würden, geradezu peinlich ist: so direkt, und so schrecklich nüchtern.

„Dass es Liebe auf den ersten Blick war, kann ich nicht sagen", erinnert sich Hamide ohne jedes Bedauern, „die Liebe hat sich so mit der Zeit ergeben. Da hat es verschiedene Anläufe gegeben, und wir haben einander ja auch ausprobiert, in den verschiedenen Situationen. Einmal waren wir wandern, es wurde schon dunkel, und wir mussten noch den Berg zum Hotel hinauf. Da war er, huschhusch, mit seinen langen Beinen vorneweg. Das letzte Stück hab ich die Schilder an den Bäumen gar nicht mehr gesehen, geschweige denn ihn, er war weit voraus, es war stockfinster, und ich habe gekocht vor Wut. Als ich hochkam, saß er auf der Bank vor dem Hotel und grinste: ‚Auch schon da?' Da bin ich explodiert: ‚Was hättest du eigentlich gemacht, wenn ich abgestürzt wäre?' Er sagte: ‚Ich weiß, dass du nicht abstürzt. Ich habe kapiert, dass du jetzt im Leben alles erreichst, was du dir vornimmst.' Ich habe ihn nur baff angeguckt. Und er: ,Ja, meinst du, dass du hier die Einzige bist, die jemanden auf die Probe stellen kann? Das kann ich auch!' Da wurde mir klar, er hatte mich durchschaut. Auch mit meinen ganzen provokativen Fragen und allem. Ich habe ja oft sogar Meinungen in Diskussionen vertreten, die ich gar nicht wirklich hatte, einfach weil ich sehen wollte, wie weit er aus der Deckung kommt!"

Und dann kam ein Moment, als Hamide nicht mehr in der Klinik arbeiten wollte, in der sie ihren Facharzt gemacht hatte. Sie wollte wechseln, und sie wusste, sie musste sich entscheiden: „Entweder ich steig jetzt in eine Praxis ein, da hab ich solche Schulden, dass ich auf Jahre hinaus gebunden bin, auch örtlich, oder es wird jetzt was, mit dem da, und dann zieh ich in die Schweiz. Andauernd solche Wochenenden zu verbringen war schön und nett, tolle Gespräche, tolle Ausflüge, aber es musste endlich ein Resultat her. Für mich war klar, ich hätte mit ihm leben können."

Bereits das ist nicht besonders blumig, „oder es wird was, mit dem da", nicht besonders bräutlich formuliert. Und jetzt, liebe Romantikerinnen, bitte anschnallen! Denn sogar Hamides beste Freundin hat damals gesagt, Hamide sei „brutal rational". „Ich habe mir nämlich einfach eine Haben-Soll-Liste gemacht, wie ich das immer in solchen Entscheidungssituationen mache: Was kann ich vertragen, was kann ich absolut nicht tolerieren? Was habe ich vor mir, was mag ich an ihm, was finde ich total beschissen? Und das Meiste hat übereingestimmt. Was wirklich schlimm war: Er hasst tanzen. Er kann nicht tanzen, und ich tanze für mein Leben gern. Aber okay, damit kannste leben, habe ich mir gesagt. Und er liebt Hard Rock, das höre ich auch manchmal gern, aber nicht nur, ich liebe eher sachte Musik, türkische Musik, klassische Musik, die hört er sich zwar mit an, die liebt er aber nicht. Na, habe ich mir gesagt,

auch damit kannst du leben. Das waren so die zwei Haupt-
punkte, die eher mäßig waren."

Auf der Habenseite war eindeutig mehr zu verbuchen:
seine Zuverlässigkeit, seine Besonnenheit, sein durch und
durch freundliches Temperament. „Er spielt nicht, er trinkt
nicht, er ist ein ganz sachter Mensch, all diese Dinge habe
ich vorher schon mit ihm besprochen, und Gewalt in jeder
Form wäre für mich sowieso ein absolutes Nein gewesen.
Und, übrigens, er hat sich mir auch nie aufgedrängt, das hat
mir sehr gut gefallen, es gibt ja genug Männer, die da gleich
umarmen und küssen und Händchen halten wollen – da
bin ich auf Abstand. Wenn man das alles zusammennimmt,
sah es ja sehr gut aus, hab ich mir gesagt, und was ist mit
deinen Gefühlen? – Ich liebe ihn. Gut, wenn er dich also
fragt, dann sagst du ja. Das war für mich geklärt."

Einziges Problem: Solch ein stiller, behutsamer Mann
fragt natürlich nicht. „Er kriegt ja den Mund nicht auf! Wir
saßen also mal wieder beieinander, und ich sagte: ‚Ich will
in der Klinik kündigen.'" Entgegenkommend wie immer, erklärte er sogleich, das sei ihm recht, schließlich sei es ihre
Entscheidung. Das war nun nicht ganz das, was Hamide
hören wollte. „Ich muss jetzt aber auch für mein Leben insgesamt eine Entscheidung treffen", bohrte sie, „Wie ist das,
soll das jetzt so weitergehen, oder bist du auch bereit, eine
Entscheidung zu treffen?" – „In welcher Hinsicht?" fragte er.
„Jetzt stell dich nicht blöder an, als du bist! Das gibt's doch
nicht!", rief Hamide, alle Diplomatie beiseite lassend, und
er kam ins Grübeln. Mit dem Ergebnis: „Ach so, nun, weil
du ja schlecht einfach so mit mir zusammenleben kannst,
sollten wir vielleicht heiraten."

Genauso will Frau das natürlich formuliert kriegen.
„‚Sehr schön', hab ich da gesagt, ‚war das jetzt vielleicht ein
Heiratsantrag?' – ‚Ja …' Und so war es dann. Ein Jahr später

haben wir geheiratet. Na, sehr romantisch war das vielleicht nicht" – anders als deine eigene Haben-Soll-Liste, Hamide! – „und mich hat auch ein bisschen gewurmt, dass die Initiative von mir ausging. Aber irgendwie musste ich für mein Leben ja auch einen Weg finden, und wenn er den Mund nicht aufmacht, dann mach ich's halt."

Hamide, deren Mutter 22 war, als sie die Tochter zur Welt brachte, war 36 Jahre, als sie heiratete. „Ich habe ihm vorher gesagt, vielleicht kann ich keine Kinder mehr bekommen. Wäre das für dich ein Grund, die Ehe nicht einzugehen? Das sind ja alles wichtige Dinge, die man vorher klären muss. Und er sagte, nein, und wenn du doch unbedingt welche willst, kann man ja auch welche adoptieren. Und ich hab immer weiter gebohrt: Gibt es noch irgendwas, was du wissen möchtest – *vorher*? Für mich ist so eine Ehe nämlich auf Dauer angelegt und nicht so, dass nach zwei Jahren schon wieder Schluss ist. Und er so: ‚Nee, nee, wir werden's schon machen.' Und das sagt er immer noch: ‚Nee, nee, wir werden's schon machen.' Und bisher haben sich all meine Einschätzungen von ihm auch wirklich bestätigt, wie ich das vermutet hatte." Sagt die glückliche Frau dieses freundlichen, stillen Musterpapas und Klettergerüsts.

Während wir auf der einen Seite den türkischen Mann, den türkischen Papa, als strengen Wächter der töchterlichen Tugend und, nicht zu vergessen, ihrer Deutschkenntnisse kennen gelernt haben, gibt es auch die andere, die warme, die gutmütige Seite. Hamide betrachtet ihren Mann mit einem Stolz, der auch daher rührt, dass er eine Tugend besitzt, die sie bei ihrem Vater schon genießen lernte: dass er sich nie genierte, mit seinen Kindern zu spielen und sie auf dem Schoß zu haben, dass er sich nur mühsam das Weinen verkneifen konnte, als er Hamide nach ihrem schlimmen

Fahrradunfall das erste Mal im Krankenhaus Gute Nacht sagen musste, und dass er ihr zig Mal, nicht nur bei Krankheiten oder beim Gute-Nacht-Sagen, offen ins Gesicht sagte: „Ich hab dich sehr lieb, das weißt du doch?"

Ist das nun typisch türkischer Mann? Uns werden zig türkische Männer einfallen, die ihren Kindern auch nur durchschnittlich gute Wochenendväter sind, und zig deutsche Männer mit einem butterweichen Herzen.

Tunca aber, eine rasante Wirtschaftswissenschaftlerin auf Erfolgskurs, bei der das Nadelstreifenkostüm genauso perfekt sitzt wie eine Jeans mit langem Männerhemd, deren dunkler, langer Esstisch mit einer Vase voller weißer Lilien geschmückt ist und deren Einbauküche geradezu furchteinflößend blitzt und funkelt, Tunca kommt, wenn sie an ihren gerade im Ausland weilenden Mann denkt, ganz schön ins Schwärmen und wagt sogar die These: „Die türkischen Männer sind einfach besonders warmherzig und liebevoll. Und irgendwie haben sie es auch drauf, einem das Gefühl zu geben, dass Weiblichkeit etwas Schönes ist, man ist stolz darauf, weiblich zu sein, es gefällt ihnen, wenn man sich schön macht, und es ist nichts Erniedrigendes dabei. Sie denken nicht geringer von dir, wenn du weiblich bist, sondern sie achten dich noch mehr."

Wie gesagt, man denkt kurz nach, und sofort fallen einem Gegenbeispiele ein, für beide Seiten. „Gut, das ist jetzt eine Verallgemeinerung, und Verallgemeinerungen sind immer blöd. Ich will den deutschen Männern auch nicht zu nahe treten, sicher hätte es auch deutsche Männer gegeben, mit denen ich glücklich geworden wäre – aber im Hinterkopf habe ich doch immer einen türkischen Mann gehabt."

Ihre alleinstehende Freundin Meral, die andeutungsweise die Augen verdreht, wenn Tunca anfängt, die Vorzüge ihres Mannes aufzuzählen, und demonstrativ nach der Fernsehzeitung greift, wenn es ihr allzu bunt wird, schaltet sich jetzt doch einmal ein: „Na, es gibt aber auch manche, die gucken absolut bescheuert. Den Göktaş zum Beispiel, wenn der so glutvoll guckt, als ob er einen mit Honig mästen und verspeisen wollte, da könnte ich kotzen. ‚Ist was mit deinen Augen, Göktaş?', würd ich am liebsten sagen." Was sie nicht tut, weil Göktaş ein bedauernswerter Junggeselle wider Willen ist.

Tunca verzieht angewidert das Gesicht und gibt der Freundin recht. „Klar, es gibt auch türkische Männer, die sind bescheuert. Meinen, sie sind große Verführer und all diese Dinge. Manche Männer haben da einfach einen Hau. Wirst du bei den deutschen Männern aber auch finden, solche, die sich für unwiderstehlich halten."

„Klar, die gibt's überall", sagt Meral, „aber *ich* hab ja auch nicht angefangen mit dem Türken-gucken-so-gefühl-voll-Quatsch. Das war deine Behauptung! Ich dagegen würde sagen: Bei den Türken gibt's auch noch ein paar ganz schöne Paschas, sogar unter den Gebildeten!"

„Nein, an Paschas habe ich natürlich nicht gedacht", stellt Tunca sofort richtig. Und erst, als Meral zu ihrer Reitstunde davongeeilt ist und wir wieder zu zweit in ein Meer von weißen Lilienblüten blicken und auf die hellgelben Sprenkel auf der Tischplatte – „ich schneid die Blütenfäden nicht raus, so etwas kann ich nicht haben!" –, da wandern Tuncas Gedanken wieder zu dem Thema Männer zurück: „Mein Mann ist zwar wirklich kein Pascha. Und doch, wenn man genau hinguckt, ist manches vielleicht ein bisschen anders als, sagen wir, bei meinen deutschen Kolleginnen. Mein Mann ist ja nicht in Deutschland aufgewachsen. Ich habe ihn im Urlaub kennen gelernt, und er ist auch nur meinetwegen in Deutschland, er hat hier sonst keine Verwandten."

Als sie damals, vor 15 Jahren, im Alter von 21, Freunde in ihrem Ferienhaus in Marmaris besucht hat, hatte sie ganz andere Dinge im Kopf: Das Vordiplom war bestanden, einen Praktikumsplatz bei einer renommierten Anlageberatung in Köln hatte sie bereits, aber was sie wollte, waren drei Monate Weltbank in Washington (die bekam sie später ebenfalls). Andererseits wäre es natürlich blöd, den Traumprinzen zwar nicht von der Bettkante, aber doch von der Veranda zu stoßen, wenn er schon mal darauf Platz genommen hat. Und dass es sich um ihren Traumprinzen handelte, erkannte Tunca sofort. Zwei Jahre lang führten sie eine Fernbeziehung, dann bestand sie ihr Diplom, und bevor sie nach Washington ging, wurde geheiratet. Trotz zwei Kindern hat Tunca nie länger als vier Monate mit der Berufstätigkeit ausgesetzt. Eine Haushaltshilfe, hin und wieder unterstützt von einem Au-pair-Mädchen, kümmert sich um Wäsche und Putzen. „Aber obwohl ich genauso viel arbeite wie er, bin ich es, die kocht und den Tisch deckt. Er hilft zwar manchmal, aber nur halbherzig, und dann bin ich manchmal so erschöpft von der Arbeit, und er sitzt auf dem Sofa und guckt fern, und er sagt: ,Och, könntest du mir bitte einen Tee bringen?' Und da könnte ich natürlich sagen: ,Mach's doch selber!' Aber das ist einfach nicht meine Art. Das heißt, ich sag zwar schon manchmal, ,das könntest du doch auch selber machen', aber ich mach es dann doch. Ich nehme das nämlich so wahr, dass ein türkischer Mann einfach das Gefühl haben will, dass er der Mann ist, dass er verwöhnt werden will. Dafür fühlt man sich auch als Frau anders, man fühlt sich geborgen und geschützt."

Wovor diese Frau geschützt zu werden braucht, ist nicht ganz klar. Aber gut, hier geht es um Gefühle und das für jede Beziehung lebenswichtige Paradox, dass gegenseitiges Aufrechnen von Pflichten und Schulden ausgesetzt ist –

solange die ungefähre Gesamtbilanz stimmt: „Es ist irgendwie ein Geben und Nehmen, und wenn das insgesamt stimmt, dann läuft die Ehe halt. Klar, wenn ich total erschöpft bin, dann ärgert mich das natürlich, wenn er nur so wartet, dann sag ich das auch, dann wird kurz gestritten, ein paar Tage lang gibt er sich Mühe – aber das hält nicht so lange vor. Irgendwie ist es auch sein Charakter. Sein Bruder nämlich, mein Schwager, der in Istanbul mit seiner Frau lebt, bei denen ist es genau umgekehrt, meine Schwägerin ist diejenige, die fauler ist, und er macht den Einkauf und alles. Meine Mutter sagt manchmal, dass es bei uns so herum ist, liegt eben auch an mir, weil ich viel schneller bin und sehr dynamisch, da sagt sie, ‚du hast ihn halt daran gewöhnt, dass alles ohne ihn geht!'"

Aha, also wurde der Mutter das Problem schon unterbreitet. Und auch die Schwiegermutter, die einen im Haushalt so emsigen Sohn und einen zweiten etwas bequemeren herangezogen hat, wurde konsultiert: „Auch meine Schwiegermutter sagt das: Wenn ich sage, ‚der hilft ja nie, der ist so bequem', dann sagt sie: ‚Na, du hast ihn daran gewöhnt!' Ich habe allerdings keine Ahnung, wie ich ihn umgewöhnen soll."

Muss man das Tunca jetzt kleinlich in Erinnerung rufen, dass sie es vorhin so dargestellt hat, als sei die mangelnde Mitarbeit im Haushalt etwas, das sie zwar nicht immer gern, aber doch auch ohne Groll in Kauf nimmt? Dass sie zwischen beidem etwas hin- und herzuschwanken scheint, ob ihr Mann – bequem, aber zärtlich und beschützend – prima ist, so wie er ist, oder ob er ihr „umgewöhnt" noch lieber wäre? Nein, vermutlich ist ihr das selbst bewusst, eine gewisse Ambivalenz gehört einfach dazu. In einem weiteren Anlauf wird die Sache noch mal aus der Perspektive Kulturunterschied abgeklopft. „Bei uns Türken gibt es nicht so die ganz gleiche Rollenverteilung, und ich weiß nicht mal, ob das so erstrebenswert ist. Manche Sachen ergeben sich ja von allein, zum Beispiel, dass die Frau die ersten Monate nach der Geburt mit dem Kind zu Hause ist. Das ist aber auch wieder nichts Minderwertiges! Und der Mann sieht es auch nicht als minderwertig an! Da heißt es nicht, die ist ja nur Mutter, sondern es wird hoch angesehen, Kinder aufzuziehen und zu erziehen, auch für das Wohl der Familie insgesamt zu sorgen, für die Atmosphäre daheim. Dafür hat der Mann die Funktion, viel Liebe zu geben. Natürlich erzieht er auch mit, und er hat finanziell für die Familie zu sorgen. Das ist ja auch keine geringe Verantwortung! Es ist ein bisschen unterschiedlich verteilt zwischen beiden, und das finde ich nicht negativ. Und ich glaube auch, dass Männer das Gefühl brauchen, als Beschützer gebraucht zu werden. Und wenn sie dieses Gefühl, gebraucht zu werden, nicht haben, wenn sie zu weich werden, sind die Frauen damit auch nicht wirklich glücklich. Ich will gar keinen Mann, der genauso ist wie ich, ich brauche da eine gewisse Spannung. Ich kenne auch Frauen, die sprechen von Gleichberechtigung und Gleichheit, aber sie möchten doch lieber Männer, die ein bisschen auf ihren männlichen Eigenschaften bestehen. Das heißt ja nicht, dass mein Mann will, dass ich ganz zu Hause bin. Der ist stolz darauf, wie weit ich es gebracht habe, und Hausfrau alleine würde mich natürlich auch nicht erfüllen. Ich akzeptiere aber, vielleicht wegen meiner türkischen Herkunft, dass ich auch noch für den Haushalt zuständig bin, mehr als mein Mann, obwohl wir eigentlich gleich viel arbeiten."

Rückblickend sind Tunca ihre Worte bezüglich Rollenverteilung und türkische Sitten ein bisschen peinlich. Zwei Wochen später, als wir wegen einer ganz anderen Sache telefonieren, fängt sie an herumzudrucksen und kommt dann darauf zu sprechen: „Sag mal, im Nachhinein fand ich das doch bescheuert, was ich da über die Männer gesagt habe. Und über den Haushalt und so. Du darfst dir jetzt nicht vorstellen, dass es bei uns zugeht wie ... Oder dass mein Mann etwa ein Macho ist! Es ist halt nur so ... Du weißt schon." – Ja, ich weiß schon. Erst gestern hat ein (deutscher) Freund beim dritten Bier von einem Gespräch mit seiner vierten Lebensabschnittsgefährtin erzählt und gejammert und geklagt: „Da gibt man sich Mühe, und man ist einfühlsam und sensibel und spielt sich nicht auf, und dann wird einem plötzlich vorgeworfen: ‚Kannst du nicht einfach mal ein bisschen mehr Mann sein, der einem im Notfall sagt, wo's langgeht, und bei dem man eine starke Schulter zum Anlehnen hat!' – So, und jetzt schau dir meine Schulter doch bitte mal an!"

Ich schaue ihn an, aber ich weiß schon vorher: Viel ist da nicht. Woher auch, wenn er als Kind immer *Hanni und Nanni* gelesen und später seiner Mutter im Haushalt geholfen und daher jeder Lebensabschnittsgefährtin kompetent gekocht und notfalls das mit der Weiß- und Buntwäsche erklärt, dafür aber noch nie ein Muskelstudio von innen gesehen hat? „Sie will ja gar keinen richtigen Muskel- und Waschbrettbauchtyp, hat sie mir zig mal gesagt. Steht sie gar nicht drauf! Also, was erwartet ihr emanzipierten Frauen von einem Mann eigentlich?" Also *die* Frage ist nun wieder leicht zu beantworten: Wir wollen mal dieses, mal jenes, plus jeweils das Gegenteil – und bitte alles in einer Person.

Yoga und der Tanz der Derwische

So restlos säkularisiert, religionslos glücklich ist die oft als „postsäkular" bezeichnete deutsche Gesellschaft vielleicht doch nicht, sonst wäre in Vorträgen, Büchern und Feuilletons nicht immer wieder von der ominösen „Rückkehr der Religionen" die Rede. Und damit sind nicht etwa die Immigranten gemeint, die ihre eigenen Religionen im Gepäck mit nach Deutschland bringen, nein, auch die Kinder der Hiesigen werden wieder getauft. Während es ihre Eltern einst als eine Frage der Ehre ansahen, möglichst frühzeitig aus der Kirche auszutreten, die ihnen als Verbund ehemaliger Kolonialisten und immerwährender Dogmatiker und Patriarchen galt, ist das Thema Religion auch für sie wieder abendgesellschaftsfähig. Diese heute erwachsenen Nachkommen der Nachkriegsgeneration, die meist nur zu Weihnachten den Gottesdienst besuchte, gehen nicht etwa gar nicht mehr in die Kirche, sondern tragen sich oft sogar mit dem Gedanken, eine etwas regelmäßigere Gewohnheit daraus zu machen. Auch wenn es, wie gute Vorsätze es so an sich haben, oft bei dem frommen Wunsch bleibt.

Typischerweise nennt, wer die neue religiöse Sehnsucht stärker bei sich verspürt, sie allerdings oft nicht „religiös", sondern „spirituell", und geht eklektisch bei anderen Religionen hausieren. Man besucht einen Meditationsworkshop oder übt sich in Yoga, kürzlich hat man etwas über japanische Klostergemeinschaften gelesen – ein wenig verschämt gibt man dann zu, dass man zwar Christin sei, aber doch auch mit irgendwie buddhistischen Elementen. Nicht

Fisch, nicht Fleisch also? Die Religion hingegen, die man bei den Angehörigen anderer Glaubensgemeinschaften beobachtet, ist – unterstelltermaßen – *noch* intakt. Bei denen kamen noch keine Zweifel auf, denkt die Christin im Yoga-Outfit halb sehnsüchtig, halb hochmütig, bei denen kann man die dogmatischen Inhalte noch im Komplettpaket glauben (statt nur noch die Hälfte des Glaubensbekenntnisses mitzumurmeln), dort sind Formen und Rituale noch selbstverständlich (und müssen nicht in jedem Gottesdienst auf den ersten Seiten des Gesangbuchs nachgeblättert werden). Und vielleicht haben Immigranten auf diese Weise doch Anteil an der Rückkehr der Religionen, indem nämlich ihre oftmals so selbstverständlich scheinende Religionsausübung Anstoß gibt, sich mit etwas zu befassen, was an Bedeutung bereits verloren hatte. Die bei den Einwanderern beobachtete, von den Eltern ererbte, willig übernommene und weiterhin gepflegte Religion ist, nach Vorstellung der postsäkularen Deutschen, in ihrer Unerschütterlichkeit gleichzeitig Privileg (man muss nicht ständig neu über alles nachdenken) und Last (wenn man was Neues denkt, darf man es nicht laut sagen).

Dieses Bild der traditionell gläubigen Türkin trifft zumindest insoweit zu, als sich unter den türkisch-deutschen Frauen wohl mehr als Muslima verstehen, als es christliche erzogene Deutsche gibt, die sich als Christin bezeichnen würden. Für dieses Phänomen haben Soziologen, Politiker und Journalisten ja auch bereits eine Erklärung: dass sich die türkischen Gemeinschaften – in Deutschland isoliert und sich gleichzeitig der Tatsache bewusst, sich auch vom ehemaligen Mutterland immer weiter zu entfernen – sich immer stärker in die alte Welt der Religion zurückziehen; dass sich der Glaube, den sie einst mitgebracht haben, verstärkt und vor allem verhärtet. Insbesondere die zweite

Generation, wurzellos wie sie sei, sei in vielerlei Hinsicht sozusagen päpstlicher als der Papst (nur dass es im Islam bekanntermaßen kein religiöses Oberhaupt gibt).

Welches Erstaunen aber, wenn man diese vielen religiösen muslimischen Frauen einmal en detail befragt! *Ein Motiv für ihre religiöse Suche mag durchaus eine Identitätssuche sein – doch diese Suche endet nicht etwa bei einer dogmatischen Version dessen, was sie von ihren Eltern mitbekommen haben. Und die „buddhistische Krankheit", von der sich manche moderne Christin befallen fühlt, ist auch an ihren muslimischen Schwestern nicht spurlos vorübergegangen – allerdings: Ist es überhaupt eine Krankheit?*

Doch beginnen wir mit denjenigen Frauen, die ihre Religion von den Eltern erhalten und übernommen haben wie ihre Vornamen, die Erinnerung an langgezogene Abendessen mit der ganzen Familie und die Angewohnheit, die Schuhe an der Wohnungstür auszuziehen; sie empfanden keine Erschütterung in der Religionsausübung, keinen daraus resultierenden „Identitätsverlust", auf den sie in einer späteren Phase mit besonders intensiver Frömmigkeit hätten reagieren müssen. Für ihre Eltern war Religion ein Element der Charakterbildung und des Tagesablaufs, nicht weniger, aber auch nicht mehr, und so hatten sie meist andere Prioritäten, als ihre Kinder religiös zu bilden. Gleichzeitig war ihre Angst, ihre Kinder an eine andersgläubige Umgebung zu „verlieren", oft erstaunlich gering, und sie haben ihre Kinder mit großer Gelassenheit an das Nebeneinander verschiedener Glaubensgemeinschaften herangeführt.

Zeynep zum Beispiel, Tochter im Stillen praktizierender gläubiger Muslime, ging als Kind auf eine christliche Schule; jeden Tag war dort Gottesdienst, es wurde gemeinsam gegessen und gebetet. „Und meine Eltern haben sofort gesagt: ‚Das ist kein Problem. Zeynep kann in die Kirche gehen, sie kann Schweinefleisch essen' – obwohl meine Eltern selbst natürlich keins gegessen haben. Sie wollten aber nicht, dass ich irgendeine Ausnahme darstelle. ‚Das Kind soll nicht isoliert werden', das war das Credo meiner Eltern."

Neben einer großen Freiheit hat das Zeynep auch ein paar verwirrende Momente beschert, insbesondere, als sie zum ersten Mal einen Gottesdienst mit Kommunion besuchte. „Wir standen alle auf und sollten nach vorne kommen. Ich habe gefragt, was das ist, und es hieß: ‚Wir essen den Leib unseres Herrn.' Da hab ich entsetzt gesagt: ‚Da geh ich nicht hin!' Ich war so voller Panik, ich hatte ja keine Ahnung, was mich da vorne erwartet! Ich bin einfach sitzen geblieben, das war das Einzige, woran ich nie teilgenommen habe. Die Gesänge hingegen, die fand ich traumhaft, da hab ich immer aus voller Kehle mitgesungen."

Dass das Kind nicht isoliert werden solle, hieß mehr als: Es darf bloß nicht auffallen. Für Zeyneps Eltern war der christliche Religionsunterricht mehr als nur ein notwendiges Übel: „Ihr müsst vergleichen können", haben sie ihre Kinder bestärkt, „es geht nicht einfach nur, dass ihr aufnehmt, was wir euch mitgeben, ihr lebt in dieser Kultur, die ist christlich, ihr müsst das kennen!" Zu Hause haben die Eltern Zeynep und ihre Brüder nicht angehalten zu beten, zu fasten, sich mit dem Koran zu befassen, sondern ohne viel Aufhebens ihre religiösen Pflichten erfüllt. Fünf Mal am Tage wurde gebetet, im Ramadan wurde gefastet, und nach dem Ramadan die Zakat, die Armensteuer, bezahlt. Das haben die Kinder täglich gesehen, damit sind sie groß geworden. Und so kam Zeynep von sich aus eines Tages auf die Idee, ebenfalls zu fasten – doch ihr Vater erklärte ihr, dass sie noch zu jung sei, dass sie sich für die Schule anstrengen müsse: Sie könne später noch fasten.

Erst als Zeynep 14 war, hat sie mit dem Fasten begonnen; ein Jahr später fing sie an, die fünfmaligen Gebete durchzuführen, was sie zum Erstaunen ihrer türkischen Kommilitonin auch das ganze Studium über beibehielt. „Mein Gott, betest du schon wieder?" fragte sie, wenn sie Zeynep in deren Wohnheimzimmer besuchte und Zeynep mit einem Tuch um den Kopf auf ihrem Teppich stand, in dem schmalen Streifen zwischen Bett und Schreibtisch. Für die Freundin war der Islam wohl so etwas wie eine kindliche Pflicht, von der man sich befreit, sobald man der Aufsicht der Eltern entronnen ist. Nicht so für Zeynep. „Und ich hab immer zurückgefragt: ‚Ja, wieso soll ich denn mit dem Beten aufhören?'"

Nun, ein Grund aufzuhören wäre, dass später doch manches Ritual mit dem Arbeitsalltag auf Dauer nicht vereinbar ist. Obwohl die Ärztin Zeynep in einer eigenen Praxis arbeitet, lässt sich der Rhythmus der fünf Gebete nicht mehr durchhalten. „Jetzt verrichte ich nur noch die Gebete, die ich zu Hause machen kann. Aber das ist ja nicht alles im Glauben. Der Glaube ist einfach, an die Existenz Gottes zu glauben, an Seine Barmherzigkeit. Das denke ich auch immer wieder, wenn im Fernsehen Berichte über den Kirchentag kommen oder über die Ansprachen des Papstes: So weit sind wir alle nicht voneinander entfernt, wir haben nur etwas verschlungene Wege, um zum selben Ziel zu kommen. Man muss ja ohnehin nicht alles über den Kopf verstehen, vieles kann man dafür mit dem Herzen nachvollziehen."

Nur eines gibt es im Christentum, das Zeynep völlig fremd geblieben ist, und es fällt ihr schwer, ihren Kindern eine Idee davon zu vermitteln, wenn diese fragen: die Dreifaltigkeit. „Die Dreifaltigkeit kann ich weder über den Kopf noch mit dem Herzen irgendwie verstehen, da ist irgendwas blockiert bei mir, ich weiß auch nicht, was." Vielleicht liegt es einfach daran, dass der Gedanke der Dreifaltigkeit vielen Muslimen letztlich doch als Blasphemie gilt, als unvereinbar mit dem Monotheismus. Auch die Idee, dass Gott einen Sohn haben könne, wird als Verstoß gegen die Idee des Einen Gottes gesehen.

Kommt hinzu, dass viele moderne Muslime – wenn auch nicht alle – ihre Religion als eine ansehen, deren Glaubensinhalte *rational* seien – anders als im Christentum, wo viel stärker an Wunder und Wundersames geglaubt werde. „Rational" meint hier, dass die Glaubensinhalte widerspruchsfrei miteinander und mit den Erkenntnissen der Naturwissenschaften in Einklang zu bringen seien. Problemlos nehmen diese Muslime die Schöpfungsgeschichte als Allegorie, die Evolutionslehre als die biologischen Fakten dahinter; in dieser Sicht haben die Propheten des Alten Testaments Gottes Wort empfangen, genau wie später Jesus und schließlich Mohammed, und auch die Annahme eines Offenbarungsaktes stört diese muslimische Ratio nicht. Nur die göttliche Natur Christi bleibt ein unverständliches Mysterium. „Ich kenne zwei Kulturen, und ich kenne auch zwei Religionen", erklärt Zeynep, „und ich weiß, dass die christliche Religion für mich mit dem Verstand nicht greifbare Dinge hat. Das geht mir mit dem Islam nicht so. Bisher konnte ich alle Fragen verstandesgemäß beantworten, bis natürlich auf die Frage des Glaubens an sich. Das kann man nicht. Entweder man kann glauben, oder man glaubt nicht. Aber wenn man glaubt, dann kann man im Islam, für mich zumindest, alles mit dem Verstand klären, man muss da nie sagen, das wirkt zwar jetzt unlogisch, aber das ist nun mal so."

Von der Dreifaltigkeit also einmal abgesehen, hat Zeynep keine Schwierigkeiten, ihren Kindern die Grundelemente des Christentums nahe zu bringen oder deren Praktiken und Rituale. „Oft fragen mich meine Kinder: ‚Mama, warum ist das bei uns so?' Zum Beispiel: ‚Wieso kommt der Weihnachtsmann nicht zu uns?' Da sage ich: ‚Na, wenn ihr wollt, kann er auch zu uns kommen. Einen Baum mit Lichtern können wir auch aufstellen, das ist kein Problem.'"

Man mag einwenden, dass „ein Baum mit Lichtern" drauf und Geschenken darunter nicht die Essenz des Weihnachtsfestes ausmacht ... Doch immerhin, was die Praktiken der christlichen Umgebung angeht, kennt Zeynep keine Berührungsängste. Zu etwas anderem hingegen kann sie sich beim besten Willen nicht durchringen: in einer deutschen Moschee zu beten. *Damit* hat sie nun wirklich ein Problem. „Als ich letztes Mal in Istanbul war, bin ich einfach in irgendeine Nachbarschaftsmoschee gegangen. Das ist schon toll, einfach da zu sitzen, in sich selbst hineinzuhorchen, sich selbst zu besinnen, in dem dort ausliegenden Koran zu lesen oder mitzubeten. Das war ein Gefühl! Eine wunderbare Atmosphäre! Aber hier ... Ich war hier einmal in einer Moschee. Die Frauen saßen alle im oberen Stockwerk, und bevor ich überhaupt die Treppe rauf war, hat man mich schon angepfiffen: Bedecke dein Haupt! Ich hab nur baff zurückgeguckt. Ich war ja noch nicht mal in dem Gebetsraum drin, das war bloß ein ganz profanes Treppenhaus!"

Beim Gebet selbst zieht Zeynep immer ein Kopftuch auf, auch wenn sie zu Hause ist, aber das Verhüllen des Haares an sich ist für sie keine religiöse Pflicht. Sie war schockiert, als sie es endlich bis in den Gebetsraum geschafft hatten, denn alle anderen Frauen trugen wallende Gewänder in gedeckten Farben, wie sie unter konservativen

Frommen in den letzten Jahrzehnten in Mode gekommen sind. „Die mit ihren Riesentüchern, und ich mit meinem normalen Kopftuch, ich kam mir beinah exotisch vor. Sie glauben an die Rituale, sie glauben an das Äußere – als ob das den Glauben ausmacht! Aber für mich hat der Islam nichts mit der Äußerlichkeit einer Person zu tun, absolut nichts. Man kann sich weder durch Kleidung noch durch irgendwas anderes für oder gegen eine Religion entscheiden, und die Leute, die das denken, die machen es sich zu einfach. Und damit betreiben sie eine doppelte Isolation: Einmal isolieren sie sich selbst, und gleichzeitig in ihrer Gemeinschaft die, die es anders halten."

Sie schrecken Menschen wie Zeynep ab, die also die „eigenen" Gotteshäuser nur beim Urlaub in der Türkei, nicht aber in ihrer heimatlichen deutschen Umgebung besucht und die stattdessen kürzlich in einer evangelischen Kirche ein Ramadanfest organisiert hat, damit christliche und muslimische Kinder einander besser verstehen lernen. Von den offiziellen Vertretern der Muslime in Deutschland hält sie gar nichts, aufgrund ihrer Inhalte und weil es selbst ernannte Vertreter sind; als Muslim gehört man nämlich nicht automatisch einem dieser Verbände an. Während man als Christ über die Taufe Mitglied der entsprechenden Kirche wird, praktizieren (oder vernachlässigen) die meisten Muslime ihre Religion außerhalb jedes Verbandes und haben daher kein gemeinsames Organ, keine vernehmbare Stimme. Und weil Zeynep keine Lust mehr hat, sich im Bild der deutschen Öffentlichkeit durch die bisherigen Organisationen vertreten zu sehen, überlegt sie, gemeinsam mit ihrem Mann und einem befreundeten Ehepaar einen eigenen Verein zu gründen – und dieser Verein würde dann nicht behaupten, für *alle*, für *die* deutschen Muslime zu sprechen, sondern all die anderen muslimischen Verbände daran erinnern, dass es im Islam nun einmal keine Vereinspflicht und kein Meinungsmonopol gibt.

Zu einer ähnlichen Form der Religion hat Elif gefunden, auch wenn der Weg dahin ein ganz anderer war. Elif nämlich hat von ihren Eltern nichts Religiöses mitbekommen außer der schlichten Tatsache, dass sie irgendwie Muslim ist. Was für die Eltern aber keine sonderlich tiefe Bedeutung, keine praktischen Konsequenzen hatte. Und so gern Elif ihre Eltern hat – was das Spirituelle angeht, könnten Apfel und Stamm voneinander nicht weiter entfernt sein. „Es sind eher pragmatische Menschen: Mein Vater ist Kfz-Mechaniker, meine Mutter hat Schneiderei gelernt. Sie sind fleißig und haben die praktischen Seiten des Lebens voll im Griff. Die anderen Seiten beschäftigen sie nicht so. Ich dagegen, ich hab mich immer mehr fürs Intellektuelle interessiert; auf dem Gymnasium habe ich begonnen, mich mit Literatur zu beschäftigen. Und es war – bitte sehr, du darfst jetzt gern lachen – aber es war Hermann Hesse, der das alles angestoßen hat."

Elif war 16 Jahre alt, als sie *Siddharta* las und sich darin bestätigt fühlte, dass sie auf der Suche war – auf einer spirituellen Suche. Schon früher hatte sie sich an verschiedenen religiösen Formen probiert. Als sie kleiner war, hatte sie sich selbst, ohne Hilfe ihrer darin unbewanderten Eltern, das traditionelle muslimische Gebet beigebracht, die arabischen Suren, die Formeln der Lobpreisung und die entsprechenden Bewegungen. Später hat sie von sich aus mit dem Fasten begonnen. Ohne Übertreibung kann man sagen, dass das Fasten für Elif zu einer richtigen Leidenschaft geworden ist. „Ich hatte gerade den *Siddharta* gelesen, und das Fasten hat mich interessiert. Da kam gerade der Ramadan auf uns zu, und ich dachte, dann verbinde ich das doch.

Meine Eltern waren fast ein bisschen beschämt, oh, wir fasten selbst doch gar nicht, jetzt fängt unsere Kleine schon damit an ... Aber es hat mich sofort gepackt. Dabei hab ich beim ersten Mal ausgerechnet ein Jahr erwischt, in dem der Ramadan in den Sommer fiel, da ging es abends bis zehn, das war der Hammer. Im Laufe des Monats hat mich das aber so umgarnt, dass ich es im nächsten Jahr wieder gemacht habe, und so ging es weiter."

Und so wie der *Siddharta* Elif ermutigt hatte, eine ihr entsprechende spirituelle Praxis auszuprobieren, so öffnete er ihr auch das Tor zu einer Welt der Lektüre: Sie griff nach Anregungen mit beiden Händen, bediente sich aus allen Regalen. „Bei Hermann Hesse geht es ja immer um die Fragen: Wer bist du, wo kommst du her? Also hab ich gedacht: Na, jetzt schaust du doch auch mal, was unsere muslimischen Dichter dazu geschrieben haben. Daraufhin habe ich Annemarie Schimmel gelesen, die hat so vieles aus der Welt des Islam erklärt und übersetzt, da wäre ich sonst gar nicht ran gekommen. Aber das hat mir den Islam viel näher gebracht, und ich habe gesehen, dass diese Religion alles umfasst. Das wäre mir aber genauso gegangen, wenn ich Jüdin oder Christin gewesen wäre, und ich habe von den anderen Religionen auch alle wichtigen Schriften da, die stehen alle in meinem Bücherschrank. Aber für mich war es nun mal der Islam, da war alles drin: Abraham und Moses und David und Jesus, und, wie gesagt, Fasten gab es auch. Ich hatte ja um mich herum gar keine religiösen Menschen, also konnte ich mir alles selbst zusammenbasteln. Und so war meine religiöse Suche auch gleichzeitig eine Identitätsfindung, eine Selbstfindung im Sinne Hermann Hesses. Ich sag immer: Sandmännchen, Pippi Langstrumpf, Hermann Hesse, Annemarie Schimmel, Mevlana und Kafka."

Mit dieser zauberhaften Kombination von kindlichen und erwachsenen Inspirationen, von sperrigem und leichter verdaulichem Lesefutter erweist sich Elif als eine wahre Eklektizistin, eine „Bastlerin", die sich aus allen Traditionen nimmt, was sie anspricht, und es zu einem Ganzen zusammenfügt, egal, ob es ursprünglich füreinander gedacht war oder nicht. Doch auch wenn dieses „Gebastelte" ihr ganz eigenes und eigenwilliges Werk ist – Elif ist gründlich belesen, und die Tragfähigkeit der einzelnen Elemente ist gut verbürgt. Wenn Elif beispielsweise sagt, dass es Moses und Jesus im Islam „gebe", steht sie darin ganz in koranischer Tradition. Wie im Alten Testament wird auch im Koran Adam als der erste Mensch genannt, und gleichzeitig als der erste Gesandte Gottes. Nach ihm folgten unzählige weitere, kamen „zu allen Völkern", wie es im Koran heißt, da Gott jedem Volk Rechtleitung geben wollte. „Sprecht: Wir glauben an Allah und was er zu uns nieder sandte, und was er niedersandte zu Abraham und Ismael und Isaak und Jakob und den Stämmen, und was gegeben war Moses und Jesus, und was gegeben war den Propheten von ihrem Herrn. Keinen Unterschied machen wir zwischen einem von ihnen; und wahrlich, wir sind Muslime." (Koran, Sure 2, Vers 13) Weil aber die Botschaften früherer Propheten im Laufe der Zeit von den Menschen verfälscht worden seien, habe Gott erneut Propheten geschickt, als letzten Mohammed, dessen Koran den Muslimen als unverfälschte, wortgetreue Offenbarung Gottes gilt.

Diese Verbindung des Islam mit Christentum und Judentum ist also historisch und theologisch korrekt, und doch empfindet Elif sie besonders tief, tiefer als manch andere ihrer Glaubensbrüder und -schwestern. „Zum Christentum habe ich eine starke Affinität, weil ich als Kind in einem katholischen Kindergarten gewesen bin. Und auch an den

Gottesdiensten habe ich teilgenommen. Meine Eltern, die es ja selbst nicht so mit der religiösen Erziehung hatten, haben gesagt, geh nur in die Kirche, das ist Gottes Haus, wir glauben an denselben Gott, wie er jeweils heißt, das ist egal. Sie haben mich auch in den Religionsunterricht geschickt, da hat meine Mutter gesagt: ‚Da kannst du all das mal lernen, über Jesus und Maria, Abraham und Moses.' Unsere religiösen Ursprünge kommen ja von dort, von Abraham und Moses! Und auch ansonsten hat der Islam zum Judentum viele Verbindungen, schon allein äußerlich: Wir essen kein Schweinefleisch, die Männer werden beschnitten, es gibt das Bilderverbot. Und was ich besonders aussagekräftig finde: Die beiden höchsten Feste des Islam sind einmal das Ende des Fastenmonats und dann das Opferfest. Und wessen gedenkt man am Opferfest? Abrahams! Es geht um die Opferung eines Mannes, den wir Muslime Ismael nennen, im Alten Testament steht Isaak."

Die meisten Begebenheiten, von denen das Alte Testament erzählt, finden sich mit nur geringfügigen Unterschieden auch im Koran. Während allerdings im Buch Genesis berichtet wird, wie Gott Abraham auffordert, Isaak zu opfern, meinen die Muslime, es sei (obwohl im Koran namentlich nicht genannt) um die Opferung Ismaels gegangen. Die Trennung des abrahamitischen Stammbaums in die Nachkommen Ismaels und Isaaks wiederum gilt mythisch – nicht nur den Muslimen – gleichzeitig als Trennung der Juden von den Arabern (die Geschichte gewissermaßen ex post betrachtet).

Dieser Geschichte entnimmt Elif – einerseits also wieder auf festem koranischen Grund, andererseits ganz auf die heutige Zeit bezogen – die Botschaft: „Einer der beiden höchsten Feiertage der Muslime bezieht sich nicht etwa auf irgendetwas aus dem Leben Mohammeds, sondern aus dem

Abrahams, das ist doch interessant, das sollte einem doch zu denken geben! Gerade jetzt, wo sich die Söhne Ismaels und Isaaks täglich die Köpfe einschlagen, sollte man sich daran erinnern: Das sind doch Geschwister!"

Zum Nahostkonflikt hat Elif sowieso eine ganz eigene Meinung. Sie findet, die Araber sollten Palästina freigeben, um den Weg zum Frieden zu ebnen: „Steht irgendwo im Koran, dass man nur auf diesem Fleckchen Erde leben soll? Für die Juden ist das heiliges Land, aber die Palästinenser könnten doch genauso gut woanders leben! Die anderen arabischen Staaten sollen sie endlich aufnehmen! Klar, wenn es zwei Staaten dort friedlich nebeneinander geben könnte, wäre es natürlich am besten; aber das geht ja offenbar nicht. Da stehen sich zwei Betonköpfe gegenüber, auf beiden Seiten. Mir ist ganz unbegreiflich, wie jemand für so etwas zum Mörder und Selbstmörder wird – im Koran steht schließlich, du sollst Gutes tun, nicht, du sollst Attentate verüben!"

Ja, Elif ist wirklich eine, deren Schiedsspruch man gerne einige Probleme der Welt überantworten würde, und man könnte darauf vertrauen, sie würde sie mit Einfühlung, Nachsicht und vor allem geradezu salomonischer Gerechtigkeit lösen.

Nur ihre kleine Vorliebe für ihre Heimatstadt Mannheim müsste man ihr vorher vielleicht noch rasch austreiben oder diese zumindest mäßigen, bevor sie dann im Nahen Osten mit dem großzügigen Bau von Einkaufsmeilen und Zementspringbrunnen loslegt. Es ist nämlich so, dass Elif seit ihrer Kindheit in dieser nicht allzu großen und auch nicht allzu anmutigen Stadt Mannheim lebt, die Auswärtigen nur dafür bekannt ist, dass ihre Straßen nach Buchstaben und Nummern benannt sind, dass es hin und

wieder eine gute Ausstellung gibt und vor allem einen hinreichend großen Bahnhof, um aus allen Richtungen anzu-
fahren, umzusteigen und sich in die interessanteren Teile
des Kontinents davonzumachen. Wenn man Elifs Einschätzung hier Glauben schenken darf, ist das multikulturelle
Paradies allerdings nicht in Berlin, London oder Amster-
dam, sondern in Mannheim zu finden, und sie ist jederzeit
gerüstet für einen kleinen Vortrag in Sachen Lokalpatrio-
tismus: „Das musst du jetzt entschuldigen, aber Mannheim
ist so gesehen wirklich klasse. Das liebe ich gerade deswegen, weil es so viel vereint: Wir haben die größte deutsche
Moschee neben der riesigen katholischen Kirche, die ist
gleich gegenüber, und auch nicht weit entfernt ist die
Synagoge. Und die Menschen hier sind auch wirklich so!
Die sind auch daran gewöhnt, dass die Leute aus unterschiedlichen Teilen der Welt kommen und an Unterschied-
liches glauben und unterschiedliche Namen tragen. Da fragt
dich keiner, Frau Çentoğlu, wo kommt denn der Name her,
können Sie denn auch genug deutsch für diesen Auftrag?
Wenn Leute von anderswo kommen, fällt ihnen das auch
auf. Eine afrikanische Kollegin von mir zum Beispiel, die
war aus Leipzig, war ganz erstaunt: ‚In Mannheim wird man
gar nicht blöd angeguckt!' Ja, hier in Mannheim ..."

Nun gut. In einer evangelischen Kirche des von ihr so
verehrten weltoffenen Mannheims hat Elif auf Bitten einer
Freundin, die Pastorin ist, während des Irakkriegs bei den
Friedenswochen mitgemacht. Sie hat die Geschichte Abrahams erzählt und die erste Sure des Korans, die „al-Fatiha",
auf Deutsch vorgetragen. Ansonsten allerdings – obwohl sie
das Nebeneinander von Moschee, Kirche und Synagoge so
genießt und lobt –, besucht Elif selbst doch kaum einmal
ein Gotteshaus. Sie geht sozusagen den formlosen, den di-
rekten Weg: „Zu beten heißt für mich, an Gott zu denken.

An Ihn zu denken, Ihm dankbar zu sein: Und das mach ich auch so, wenn ich zur Arbeit gehe, wenn ich nach Hause komme, denke ich an Ihn und versuche, Ihn überall zu erkennen."

Im Koran ist im Zusammenhang mit der Schöpfung oft von „Zeichen" die Rede, die der Gläubige in der Natur entdecken könne, die ihm die Großzügigkeit und Gnade des Schöpfers anzeigen; und alle Geschöpfe bezeugen Seine Macht und Majestät. „Sahst du nicht, dass Allah – es preisen ihn alle in den Himmeln und auf Erden und die Vögel, ihre Schwingen breitend. Jedes kennt sein Gebet und seine Lobpreisung, und Gott weiß, was sie tun.", heißt es in der Sure 24, im 41. Vers.

„Und tatsächlich", erzählt Elif, „wenn man Acht gibt, sieht man Ihn überall: Wenn ich die Natur sehe, wenn ich schöne Menschen, strahlende Menschen sehe. Und auch, wenn schlimme Dinge passieren, ändert das nichts an dieser Wahrnehmung. Es ist ja so viel unerklärlich, und Gott selbst ist nun mal unerklärlich! Wir verstehen nur einen klitzekleinen Teil von dem, was geschieht, wenn überhaupt." Die Frage der Theodizee, also warum Gott auch Leid und Übel erschaffen oder zumindest geduldet habe, stellt sich Elif nicht. Wie die jüdische und die christliche Theologie kennt auch die islamische dieses Problem, das mit Hadern und Zweifeln mit und an Gott einhergehen kann. Doch auch die andere, von Elif angesprochene Überzeugung ist stark und gibt im Alltag Stärke, nämlich dass die Schöpfung groß und unerklärlich ist und der Mensch von ihr nur einen kleinen Ausschnitt erfasst. Nur für diesen, aber auch: immerhin für diesen ist er verantwortlich. „Ich fühle mich so als Ameise in dieser Welt, ich bin nur für mein eigenes Handeln verantwortlich. Ich kann die Welt nicht ändern, ich kann andere Menschen nicht ändern, ich kann nur selbst etwas tun. Wenn Menschen hungern, versuche ich, Spenden beizubringen. Aber Gott einen Vorwurf machen, weil es Hunger gibt? Nein!", widerspricht Elif aus ganzem Herzen, „Ich kann doch nicht über Gott richten! Ich bin von Ihm erschaffen, ich komme von Ihm, und ich gehe zu Ihm, und ich muss halt meine Aufgabe hier gut erledigen, und was den Rest angeht, neige ich mein Haupt."

Sandmännchen, Pippi Langstrumpf, Hermann Hesse, Annemarie Schimmel, Mevlana und Kafka – diese Mischung ist Elifs ureigene Erfindung, Ausdruck ihres einfühlsamen und nachdenklichen Naturells und ihres Lesehungers. Doch der Name Annemarie Schimmel wird auch von anderen gläubigen Muslimas immer wieder mit großer Ehrfurcht genannt, wohingegen sie der deutschen Öffentlichkeit oft nur in vager ambivalenter Erinnerung ist – eine ältere Dame der Wissenschaft, die 1995 den Friedenspreis des Deutschen Buchhandels erhielt und sich kurz darauf scheinbar verständnisvoll zu der Fatwa iranischer Fanatiker gegen Salman Rushdie geäußert hat. Zu Unrecht trat darüber das Lebenswerk dieser Orientalistin, in dem sie nicht etwa einem gestrengen, in Khomeinis Iran vertretenen Islam das Wort geredet hat, in den Hintergrund. Sondern ganz im Gegenteil erschloss sie, die unzählige vorderorientalische und zentralasiatische Sprachen beherrschte, dem deutschen und englischen Sprachraum einen gewaltigen Schatz mystischer Dichtung und religiöser Literatur aus dem mittelalterlichen Persien und Afghanistan, aus dem Gebiet der heutigen Türkei und aus Pakistan. Und damit gab sie auch vielen in Europa lebenden Muslimen Bausteine an die Hand, sich mit unorthodoxen islamischen Strömungen zu beschäftigen und diese Teil ihres Glaubens werden zu lassen.

Der mittelalterliche Mystiker Mevlana („unser Herr")
Dschelaleddin Rumi war einer ihrer Lieblingsdichter, ist
allerdings einer der wenigen, den Schimmel für den Islam
des 20. Jahrhunderts nicht erst wiederentdecken musste,
sondern der ohnehin für viele Muslime in der Türkei eine
große Rolle spielte und bis heute spielt. Mevlana wurde
vermutlich 1207 in Balch im Norden des heutigen Afghanistan geboren, wanderte mit seinem Vater, seinerseits ein
verehrter Mystiker, über Bagdad nach Anatolien aus, wo er
sich in Konya niederließ.

Allerdings erst nach seinem Tod gründeten seine Anhän-
ger in Konya den berühmten Orden, deren tanzende Der-
wische schon mancher Türkeireisende bewundern konnte
und die nur der spektakulärste Ausdruck einer weit ver-
breiteten (und natürlich meist weniger spektakulären) mystisch inspirierten Volksfrömmigkeit sind.

Im Zentrum der auch „Sufismus" genannten islamischen Mystik steht, nicht anders als in der christlichen, die
Suche des Gläubigen nach der Begegnung mit Gott, nach
Gotteserkenntnis, nach Gottesliebe bis hin zum Einswer-
den mit Gott. Kontemplation und Versenkung versprechen
den Gläubigen eher dorthin zu führen als die bloß ver-
standesmäßige Erfassung der Dogmen. Und dazu bietet es
sich für die moderne Sufi-Anhängerin an, nicht nur das
islamische Pflichtgebet auszuführen, sondern auch Formen
aus dem Buddhismus entlehnter Meditation auszuprobieren, den Ramadan einzuhalten *und* einen Yogakurs zu be-
legen. So entwickelt sich bei den belesenen, gläubigen
Deutsch-Türkinnen oft eine Form der religiösen Praxis
irgendwo zwischen Kräutertee, Jogginghose und Selbstverwirklichung, aber doch mit Güte und Ernst – eine Praxis
also, die sich von der vieler heutiger Protestantinnen und
Katholikinnen kaum unterscheidet.

„Selbsterkenntnis, darum geht es doch, und die findet man nur, wenn man in sich hinein hört", meint Rüya, eine solche Muslima Anfang dreißig. Eine muntere, zupackende, frisch approbierte Ärztin, die die Zeit zwischen Studium und erster Anstellung dazu nutzt, Bekannte oder Bekannte von Bekannten im Krankenhaus zu besuchen, zu dolmetschen, zu ermutigen und zu trösten. „Und wenn ich merke, ihm hängen die Krankenhausgetränke zum Hals raus, dann bring ich ihm einen anderen Tee aus dem Reformhaus mit, und wenn ich meine, dass ihm ein bisschen Lachen gut tun würde, dann bringe ich so einem Patienten auch DVDs mit Komödien vorbei."

Wieso sie all das mache, fragen sie manche Freundinnen, aber das ist Rüya egal. Der Grat zwischen Sich-Aufdrängen und Helfen sei schmal, räumt sie ein, aber sie versteht ihre Hilfe nur als Angebot. Der eine nimmt sie an, dem anderen hilft sie nichts, er lässt sie links liegen. Bei einem Krebspatienten begann sie, von Mevlana zu sprechen. „Dieser Patient ist noch ein sehr junger Mensch, er ist schwer krank, und er hat gesagt, er hat so viele Fragen. Zuerst dachten wir alle, damit sind medizinische Fragen gemeint, aber darum geht es ihm gar nicht. Das Medizinische ist ihm klar, soweit das für einen Laien halt geht. Er fragt sich vielmehr, was diese Krankheit für sein Leben bedeutet, was der Tod bedeutet, wie er sich zu seinem Tod verhalten soll. Und darum hab ich ihm die Worte Mevlanas zitiert: Der Kosmos ist auch in dir."

Vielleicht wäre nicht jeder hellauf entzückt, wenn er, ans Krankenbett gefesselt, Besuch von einer Unbekannten bekäme, die ihm den ungebetenen Rat erteilte, er möge in sich gehen und dort nach einem „Kosmos" suchen. Doch diesem jungen Krebspatienten, erzählt Rüya, haben diese Worte gut getan, sie haben etwas angestoßen, ihm weitergeholfen. Und wahrscheinlich tut Rüya ja gerade gut daran, sich nicht von allzu komplizierten Überlegungen behindern zu lassen, wann, ob und welche Hilfe man einem Fremden anbieten mag – eventuell, vielleicht, oder besser doch nicht? Sondern neben ihrer von Herzen kommenden Hilfsbereitschaft besitzt sie auch ein feines Gespür für das, was dem Gegenüber Not tut.

Es falle Gott nicht schwer, einem Menschen die Verfehlungen zu vergeben, die dieser Ihm gegenüber begangen habe, heißt es im Koran, doch was er einem anderen Menschen angetan habe, dafür müsse er diesen um Vergebung bitten. – Dass tief empfundene Religion eine bestimmte Praxis gegenüber dem anderen nach sich zieht, wird einem deutlich, wenn man einem Menschen wie Rüya begegnet. Ihre Krankenhausbesuche, ihre Räucherstäbchen und ihre Gebete sind Teil eines Glaubens, der – nicht weniger als bei Elif – „selbst gebastelt" ist *und* sich zu recht als Teil einer muslimischen Tradition ansehen darf, auf die nicht nur wenige Orthodoxe das Monopol haben. „Gott ist überall, er hat alles erschaffen. Ich denke da nicht so festgefahren in der Religion, das muss so oder so sein, ich denke da viel freier. Gott ist etwas Freies, das einen weiterbringt, eine persönliche Sache. Ich mag es auch nicht, wenn man da so viel Reklame macht, wie man betet, was man genau denkt und tut – das ist nur das Äußere. Aber es geht doch um das Innere! Und im Koran steht ja auch drin, es ist eine Sache zwischen dir und Gott allein, das Äußere hat niemanden zu interessieren. Es ist ein Dialog, den man selbst mit Gott führt."

Dieser Dialog hat viele Episoden. Zeiten, in denen es schlechter, Zeiten, in denen es besser geht. Zeiten, in denen man krampfhaft versucht, erprobten Ritualen etwas abzugewinnen, und andere, in denen man bis zum Übermut experimentierfreudig ist. Während ihres Studiums hat Rüya ayurvedische Übungen gemacht, Atemgymnastik und Yoga. „Einmal hab ich so was besonders Verzwicktes versucht, da konnte ich eine Woche lang meinen Hals nicht mehr bewegen. Ja, die professionellen Übungen sind nicht ohne!" – Yogamatte ja, Gebetsteppich nein: In deutsche Moscheen geht Rüya nicht, und auch in der Türkei genießt sie eher die Atmosphäre beim Gebet, wartet lieber still ab, bis Freundinnen oder Kusinen ihre Rakas, die rituellen Gebets-Elemente, zu Ende geführt haben. „In Istanbul habe ich eine Freundin, die geht fünf Mal am Tag beten. Ich respektiere das natürlich. Aber es gibt kein Gesetz und keine Regel, die sagt, fünf Mal am Tag beten muss sein, und es muss so und so gemacht werden, sonst ist es nicht richtig. Was denken sich diese Leute eigentlich, die so etwas verbreiten!"

Nicht wenige Imame wären sicher erstaunt, um nicht zu sagen: entsetzt, wenn sie Rüya so selbstbewusst sagen hörten, dass es kein Gesetz und keine Regel gebe. Muss nicht jede Religion über eine Orthodoxie verfügen, einen festen Kanon dessen, was unbedingt geglaubt werden muss, damit man dazu gehören darf? Regeln und Rituale, die jeder einhalten muss, und wenn er das nicht tut, ist er wenigstens zu schlechtem Gewissen verpflichtet?

Doch schon im Koran gibt es Stellen, die davor warnen, sich in Selbstgewissheit und Äußerlichkeiten zu verrennen: „Nicht besteht die Frömmigkeit darin, dass ihr eure Gesichter gen Westen oder Osten kehret; vielmehr ist fromm, wer da glaubt an Allah und den Jüngsten Tag und die Engel und die Schrift und die Propheten, und wer sein Geld aus Liebe zu Ihm ausgibt für seine Angehörigen und die Waisen und die Armen und den Reisenden und die Bettler und die Gefangenen; und wer das Gebet verrichtet und die Armensteuer zahlt; und die, welche ihre Verpflichtungen halten, wenn sie sich verpflichtet haben, und standhaft sind in Unglück, Not und Drangsalszeit; sie sind's, die da lauter sind, und sie, sie sind die Gottesfürchtigen." (Sure 2, Vers 177)

Bei einer Reise ins überwiegend muslimische Aserbaidschan, wo eine dem Türkei-Türkischen eng verwandte Sprache gesprochen wird, hat Rüya einmal einen Disput über die „richtige" und die „falsche" Art zu beten mit angehört. „Irgendwann schlug's dreizehn, und ich habe mich eingemischt. Leute, habe ich gesagt, wer seid ihr denn überhaupt? In diesen Dingen hat nur einer das Recht zu entscheiden, wenn überhaupt, und das ist Gott allein! *Wenn überhaupt*, sage ich – denn Gott lässt uns viele Möglichkeiten! Aber was ihr hier macht, *das* ist gegen den Glauben, sich an Gottes Stelle zu setzen. Es hat keiner das Recht zu sagen, was richtig ist und was falsch!"

Natürlich musste sich Rüya den Vorwurf anhören, sie könne das ja wohl kaum wissen, schließlich komme sie aus Europa. „Da hab ich geantwortet, nur, weil ich nicht so engstirnig bin wie ihr, denkt ihr, ich hätte keine Ahnung! Wenn ihr nur wüsstet ... Aber gut, ich hab's ja nicht nötig, denen was zu beweisen. Dabei ist es bei denen doch alles aus den Fugen geraten! Unter den Sowjets war jedes Glaubensbekenntnis verboten, und jetzt, wo die Sowjets weg sind, boomt es wie verrückt. Diese Menschen kommen mir vor wie Fische, die man gerade aus dem Wasser genommen hat und die jetzt herumzappeln. Im Türkischen sagt man: şaşkın ördek, eine verdatterte Ente. Konfrontiert mit Religion sind sie völlig überrascht und schlagen vielleicht den falschen Weg ein."

Die „verdatterte Ente" ist auch ein schöner Ausdruck für den eingangs erwähnten Zustand, den Soziologen, Politiker, Journalisten in den vielen Jahren auch bei in Deutschland lebenden Muslimen diagnostiziert haben: Entwurzelt seien diese, gleichsam einem Säkularisierungsschock ausgesetzt, und daher griffen sie nach überdeutlichen Symbolen und Ritualen, um sich ihrer Heimat und Religion und damit ihrer Identität in der deutschen Fremde zu vergewissern. Auf einige oder vielleicht auch auf viele mag das zutreffen. Doch es schwimmen auch sehr viele andere Enten auf diesem Teich, und zwar in aller Seelenruhe.

„Gott lässt uns viele Möglichkeiten", wiederholt Rüya, „und mit der Religion ist es nicht wie in den Kindergeschichten – Hölle ist Feuer, und Himmel ewiges Licht. Man kann das einfach nicht sagen, weil es etwas ist, was wir nicht kennen. Manche meinen, die Hölle ist nur die Übergangszeit, wo sich die Seele noch nicht vom Körper losgelöst hat. Das bereitet einem Qualen, mystisch gesehen. In dieser Sicht wäre der Himmel dann das, wo man mit der Energie eins wird – nicht so etwas mit Engelchen und Flügelchen und schöner Musik und tralala. Denn Gott sehe ich als übergeordnete Energie, die alles geschaffen hat."

Die Sache mit dem Kopftuch

Kein Wunder, dass Rüya, nach deren Ansicht es im Glauben keine allgemein verbindlichen Regeln, kein äußeres Zugehörigkeitsmerkmal, kein öffentliches Statement und keine „Reklame" geben sollte, das Kopftuch ein Dorn im Auge ist. Wenn etwas eindeutig, entschieden und aufmerksamkeitsheischend ist, dann ja wohl das! „Da kann ich die Deutschen wirklich verstehen", sagt Rüya, „dass sie das Kopftuch bei einer Lehrerin störend finden. Mich stört das nämlich auch! Besonders bei Leuten, die einen öffentlichen Posten bekleiden oder für Andere da sein sollen, da gehört kein Kopftuch hin. Eine Ärztin, eine Rechtsanwältin, eine Lehrerin – die müssen einfach neutral sein. Kann jemand mit einem Kopftuch neutral sein, mit so einem Signal? Nein. Wenn man so jemanden sieht, denkt man, der kann ja nicht alle gleich behandeln, wenn er selbst so extreme Ansichten hat, und schon allein darum finde ich wirklich, Kopftuch im öffentlichen Dienst und so gehört verboten."

„Da kann ich die Deutschen wirklich verstehen." – Dieses „Verstehen" geht übers bloße Beipflichten hinaus. Jede Position, die in der deutschen Öffentlichkeit in Sachen Kopftuch eingenommen wird, findet sich auch unter den deutsch-türkischen Frauen. Wirklich jede! Da gibt es diejenigen, für die das Kopftuch ein Zeichen von Verdummung und Abschottung ist: „Früher hat mich das Kopftuch eigentlich nicht besonders gestört", erzählt eine junge Frauenärztin, „aber dadurch, dass es mit dem Islam gleichgesetzt wird und Islam wieder mit Terrorismus gleichgesetzt wird, bin ich mittlerweile schon angespannt, wenn ich das Wort Kopftuch nur höre." Nun, da könnte man ja sauer sein auf die Deutschen, die hier allerlei in eins setzen – sie aber ist es nicht: „Nein, im Gegenteil, ich bin sauer auf meine Mitglaubenden, weil sie sich selbst in so eine Misere gebracht haben, die denken ja selbst, Kopftuch ist gleich Islam, und das ist falsch! Damit haben sie nicht nur die hiesige Gesellschaft gespalten in Türken oder Türkischstämmige und Deutsche; auch die Türkischstämmigen haben sie noch mal gespalten, in Gläubige und Nichtgläubige. Ich weiß auch nicht, woran das liegt. Vielleicht daran, dass das Gros dieser Leute einfach über so ein niedriges Bildungsniveau verfügt, die hinterfragen nix, die nehmen nur auf, was der Hoca sagt, das ist schon richtig. Tja, dann machen sie alles nach und fixieren sich auf Äußerlichkeiten. Und die Schuld an dieser selbst gemachten Abschottung wird immer den Deutschen gegeben, das finde ich falsch!"

Eine junge Rechtsanwältin erinnert sich mit Unbehagen, dass sie in ihrer Berufspraxis von mancher Kopftuch-Story zwei Seiten erzählt bekommen hat: „Ich kenne viele religiöse Frauen, die tragen das Kopftuch eigentlich nur für ihren Mann. Wenn man so mit ihnen spricht, stehen sie zu ihrem Kopftuch, und kaum trennen sie sich von ihrem Mann, da befreien sie sich auch von dem Kopftuch. Also, was soll man da denken? Vorher verfechten sie es dermaßen, als sei es ihre eigene Ideologie, und später kommt raus, dass sie es doch nur auf Druck des Mannes gemacht haben, auf Druck der Gesellschaft oder auf wessen Druck auch immer."

Soweit die Skeptikerinnen. Dann gibt es, wieder ganz wie bei den Deutschen, die nachsichtigere Fraktion. Es gibt die großstädtische Haltung des „leben und leben lassen": „Guck dir die Mädchen auf der Straße mal an, Kopftuch ist das schon, aber drunter H&M und alles ganz schick – die sitzen nicht einfach nur stumm zu Hause rum! Die haben sehr wohl was in der Rübe, und die bewegen sich auch frei, ganz wohin sie wollen." – Sagt Nimet, die sich schon mit fünfzehn Jahren allein in den USA behauptet hat und deren Maßstäbe an anderer Leute Selbstständigkeit entsprechend hoch sind.

Eine Sozialarbeiterin wiederum stellt das Miteinander der Betroffenen in den Vordergrund. „In der Türkei selbst ist das Kopftuch verboten, das geht ja auf Atatürk zurück; und trotzdem denke ich, Verbote sind nicht der richtige Weg. So ein Verbot kann man nämlich nicht neutral begründen oder den Kindern neutral vermitteln. In der Praxis bedeutet das immer, dass man dem einen Kind etwas verbieten muss und dem anderen nicht, und dass man jemanden herausdeutet und auf bestimmte Art bewertet. Dabei kann man das gar nicht so genau sagen, was das Kopftuch bedeutet, genauso wenig, wie man sagen kann, was genau Stöckelschuhe und Kostüm bedeuten: Stehen die denn nun für weibliche Berufstätigkeit oder sexistische Unterdrückung?"

Wenn sie als Fachfrau zu Tagungen eingeladen wird, muss sie oft feststellen, dass die Medienberichte der letzten Jahre und Monate in den Köpfen vieler Teilnehmer und Teilnehmerinnen eine konfuse Mischung ergeben haben. „Alles wird da durcheinander geworfen: Kopftuch und Zwangsverheiratung, Islam und Beschneidung. In dem Kontext kann Kopftuch nur eins heißen: Unterdrückung. Das stimmt aber nicht. Ich habe im Freizeitbereich mit Mädchen gearbeitet, für die hatte das eine ganz andere Bedeutung, nämlich dass sie sich zum Ausdruck bringen, dass sie sich mit etwas identifizieren, und dass sie sich auch schützen vor sexistischen Angriffen der Jungs; die Jungs verhalten sich nämlich gegenüber Mädchen mit Kopftuch ganz anders."

Und wieder andere deutsche Türkinnen ohne Kopftuch ertappen sich selbst bei gemischten Gefühlen. Nicht anders als bei den gebürtigen Deutschen auch ist die vermutete Lebenswirklichkeit der Kopftuchträgerin vielen Türkinnen „ohne" ziemlich fremd; aber ist es nicht unfair, anderen aus diesen Fremdheitsgefühlen einen Strick zu drehen? „Ich habe eigentlich ein ganz großes Problem mit Menschen, die streng gläubig sind", erzählt eine junge Mutter, die mit Religion selbst überhaupt nichts am Hut hat, „vor allem weil ich nämlich weiß, was der politische Islam bedeutet, das ist in der Konsequenz wirklich eine Katastrophe. Und ich selbst bin auch nicht gläubig, obwohl mich meine Eltern schon ein bisschen so erzogen haben und es für sie, glaub ich, traurig ist zu sehen, dass nichts davon bei mir gefruchtet hat. Und trotzdem: Ich habe mich in letzter Zeit dabei entdeckt, wie ich aus Trotz fast angefangen habe, den Islam zu verteidigen, ganz unlogisch, ich hätte nie gedacht, dass ich mal in diese Situation komme! Das entsteht einfach aus dieser Situation heraus, dass ich mitbekomme, wie die Deutschen darüber reden."

Und sie bekommt auch mit, dass dieselben Deutschen, die gegenüber der islamischen Religion der Anderen so große Bedenken entwickeln, oft gar nicht sehen, wie selbstverständlich in ihrem eigenen Leben und in ihrer Umgebung die christliche Religion tatsächlich ist. „Immerhin bin ich im katholischen Bayern groß geworden, da sollen die mir mal nichts erzählen! Ich hatte bis in die elfte Klasse Religionsunterricht, da musst du jeden Morgen erst mal beten mit dem Blick aufs Kreuz. Und bei den Katholiken gibt es auch Taufe, Kommunion und Firmung, das sind doch auch alles Traditionen, die mit dem Alltag des modernen

Menschen so nichts mehr zu tun haben – aber das kritisieren wir doch auch nicht!"

Vielleicht, räumt diese junge Frau ein, weiß sie sogar inzwischen mehr über Taufe, Kommunion und Firmung als über die Feste ihrer türkischen Nachbarn, mit denen sich ihr Leben kaum berührt, gegen das sie vage Vorurteile hegt, die ihr selbst nicht ganz geheuer sind: „Unser Hausmeister hier ist streng gläubig, hat drei Töchter, die den ganzen Tag da unten im Hof spielen. Seine Frau trägt Kopftuch, sie waren schon in Mekka, alle beide. Und das sind total nette Leute! Die machen einen sehr netten Eindruck, die Kinder gehen alle auf die Schule. Und alles, was ich von diesen Menschen aufgrund ihres Glaubens bisher erlebt habe, ist, dass sie jedem Menschen gegenüber sehr respektvoll sind."

Aus der Vielzahl dieser Positionen könnte man als Deutsche, als Christin vielleicht zumindest eines schließen: Man wird nicht die *eine* Haltung türkischer Frauen zur Kopftuchfrage finden. Das macht die Sache erst einmal nicht gerade einfacher. Schließlich möchte man Verständnis aufbringen, sich vielleicht sogar solidarisieren, und hat daher bisher vielleicht versucht, jeweils der Fraktion den Rücken zu stärken, die einem irgendwie am fortschrittlichsten, politisch aufgeschlossensten, sympathischsten vorkam.

Andererseits kann diese Meinungsvielfalt aber auch eine Entlastung bedeuten: Wenn es nicht *die* politisch korrekte Position gibt, braucht man sich auch nicht verpflichtet zu fühlen, sie herauszufinden und sich ihr anzuschließen. Auch als Deutsche, als Nicht-Muslima darf man in Sachen Kopftuch allerlei verschiedene Einstellungen – und vor allem auch eine ambivalente Einstellung haben. Dass die Meinungen auch hier auseinander gehen, ist vielleicht überhaupt das Einzige, was man dazu wissen „muss".

Wieso aber unterstellen, dass es auf der anderen Seite – unterm Kopftuch sozusagen – immer dieselben Motive gibt? Die „machen einen sehr netten Eindruck"; „die sitzen nicht nur stumm zu Hause rum", das sind ja auf den ersten Blick sehr verständnisvolle, großzügige Kommentare – deren Großzügigkeit auf den zweiten Blick auch ein wenig Herablassung verrät. Oder zumindest anzeigt, wie groß die empfundene Kluft zwischen „denen" und „uns" ist, auch innerhalb der Türkinnen derselben Generation. Das Kopftuch als Wasserscheide zwischen Tradition und Moderne. Emanzipation ja oder nein. Demokratie oder religiöser Rückzug.

Doch ein halbes Dutzend Frauen tragen ein halbes Dutzend verschiedener Kopftücher: die junge Frau mit der H&M-Garderobe, die schon hier geboren ist; die neu Angeheiratete, die erst vor zwei Jahren aus ihrem Dorf in der Nähe von Kayseri zugewandert ist; die Oma, die die ersten vierzig Jahre ihres Lebens in der Türkei verbracht hat; die von Kopf bis Fuß verhüllte Religiöse; sowie, nicht zu vergessen, die fälschlich als Türkin identifizierte Touristin aus dem Jemen, und die deutsche Konvertitin in ihrem neuen dunkelbraunen Gewand.

Elif zum Beispiel hatte ja argumentiert, eine Rechtsanwältin, die ein Kopftuch trage, signalisiere damit gleich, dass sie nicht neutral sein könne (oder wolle); dieses Argument hat etwas für sich. Und entpuppt sich als völlig unzutreffend, sobald man sich auf die Suche nach einer kopftuchtragenden Rechtsanwältin macht – wieso benötigt eine studierte Frau überhaupt ein Kopftuch?! – und Neslihan trifft: eine Rechtsanwältin Anfang dreißig, spezialisiert auf Arbeits- und Wirtschaftsrecht.

Allerdings ist es gar nicht so leicht, sich mit Neslihan zu verabreden, weil sie nämlich einen furchtbar vollen Ter-

minkalender hat. Schließlich hat sie doch eine freie Drei-
viertelstunde locker gemacht – und das ist eine Dreivier-
telstunde auf dem Frankfurter Flughafen, zwischen Ein-
checken und An-Bord-Gehen, vor ihrem geschäftlichen Termin in Ankara, mittags hin und nachts zurück. Da sitzen
wir also am Rande von Terminal 3 zwischen einem mons-
trösen Aschenbecher und der unentwegt klappernden Toi-
lettentür, Gepäckwagen werden vorbei geschoben und vom
Lautsprecher Reisende ausgerufen, die ihr Gate nicht gefunden haben.

Wie sich eine verdatterte Ente fühlt, erfährt man plötzlich am eigenen Leibe. Die eine Hälfte meiner Konzentra-
tion geht allein dafür drauf, Neslihans Worte akustisch zu
rekonstruieren, denn sie besitzt eine das phonetisch gerade
noch Mögliche ausschöpfende flinke Zunge. Die zweite
Hälfte meiner Gedanken kreist um die Einsicht, wie bescheuert ich doch bin. Mit Mitte dreißig und insbesondere
nach den Interviews der letzten Wochen hätte ich allmählich wissen müssen, dass man Menschen nicht ansieht,
weder am Gesicht noch an der Kleidung, wie es um ihren
Charakter und ihre Weltsicht bestellt ist. Und wenn ich
diese ja wahrhaft nicht besonders tiefschürfende Einsicht
endlich beherzigt hätte, wäre ich nicht ganz so überrascht
gewesen, als ich dieser „Kopftuch-Anwältin" begegnete. Sie
im cremefarbenen Kostüm, mit knöchellangem Rock und
beigefarbenem Kopftuch, straff um die Stirn gebunden ...
Was sind das für oberflächliche Betrachtungen! Zur Strafe
rasselt jetzt also eine geballte Ladung vernünftiger Ansichten auf mich ein.

„Ich weiß, dass es zum Thema Kopftuch verschiedene
Meinungen gibt", das ist Neslihan klar, und sie wird ja auch
unentwegt darauf angesprochen. „Viele sagen, das Kopftuch
sei keine religiöse Pflicht, aber ich kann mir da von keiner

dritten Person eine Absolution holen. Pflicht ist vielleicht sowieso nicht das richtige Wort – es geht eher um ein Gebot. Jedenfalls: Meine älteste Schwester und meine weiblichen Verwandten tragen zum größten Teil keins, sie sagen, man könne auch ohne Kopftuch Muslima sein – und natürlich kann man das! Aber *ich* denke nun einmal, dass es religiös geboten ist, also trage ich es."

Das war nicht immer so. Neslihans Mutter trägt selbst ein Kopftuch; beide Eltern sind sehr gläubig; und sie haben Neslihan und ihren Schwestern und Brüdern in religiösen Dingen alle Freiheit gelassen. Sie haben ihnen den Islam nahe gebracht, aber verlangt haben sie von ihnen nichts. „Meine Eltern haben immer gesagt, wenn, dann müsst ihr das aus eigener Überzeugung tun und nicht für uns, sondern für Gott; und wenn ihr von etwas nicht überzeugt seid, braucht ihr es auch nicht zu tun, denn dann ist es ja sowieso nur eine Farce. Nie hat meine Mutter gesagt, ich müsse ein Kopftuch tragen, und die längste Zeit meiner Schulzeit habe ich es auch nicht getan. Nur im Fastenmonat habe ich zu Hause eines getragen, so wie andere vielleicht nur Weihnachten in die Kirche gehen, und wenn der Monat rum war, habe ich wieder alles vergessen. Und genau das hat mich, je älter ich wurde, immer mehr gestört. Ich hab mir gedacht, was ist denn das für ein Käse? Entweder du bist überzeugt und machst es ganz, oder du lässt es sein. Ich steh einfach nicht auf halbe Sachen. Klar, auch wenn man sich anstrengt, gelingt einem nicht alles ganz; aber ich will es wenigstens versuchen. Ich bin nicht einfach nur Muslima, wo es mir leicht fällt und gerade passt. Also habe ich mich mit meiner Religion und mit dem Kopftuch beschäftigt und kam zu dem Schluss, ich möchte so viel wie möglich für Gott tun, seinen Geboten möglichst gut entsprechen. Allerdings: Wenn man mal überlegt, wie schwierig es ist, im Alltag die fünf Gebete einzuhalten, muss man sagen, da war das Kopftuch wirklich ganz easy, das ist ja fast der leichteste Teil!"

Was aber heißt es, etwas „für Gott" zu tun – und warum liegt Ihm etwas daran, dass eine Frau ihr Haar verhüllt? „Für mich hat das Kopftuch gar nichts mit einem Statement zu tun, ich bin Muslima, seht mal her oder so. Nein, ich verstehe es einfach so, dass die Bekleidungsvorschrift lautet, der menschliche Körper – der weibliche und der männliche – soll bedeckt sein. Die Reize sollen bedeckt sein! Und bei der Frau kann man dann natürlich drüber streiten, gehört das Haar mit dazu oder nicht. Nun, für mich ist es so. Ich möchte nicht, dass alle Leute sehen, was für Haare ich auf dem Kopf habe, genauso wenig wie ich will, dass sie meine Brust sehen."

Natürlich ist Neslihan bewusst, dass das Kopftuch längst ein Zankapfel in Sachen Geschlechterverhältnis geworden ist. Und nicht nur auf der Seite der deutschen Öffentlichkeit und Politik – sondern gerade auch auf der muslimischen Seite! „Das ärgert mich wahnsinnig, wenn die Hocas das Kopftuch zu einer Sache machen wollen, um die Frauen klein zu halten. Also zum einen: Was ein religiöses Gebot ist oder nicht, das entscheidet Gott und jeder für sich. Da haben nicht irgendwelche Männer, Hocas oder wer auch immer, zu verkünden, eine Frau habe sich so und so zu verhalten. Zum anderen ist es eine Schweinerei, wie sie das instrumentalisieren für ihre Interessen. Wenn ich das höre, dass kleine Mädchen zwangsverheiratet werden, und dann sagen die: ‚Ach, das ist bei uns im Islam nun mal so' – wo es doch im Koran gar keine Zwangsverheiratung gibt! Da kriege ich so nen Hals, und ich wehre mich dagegen, dass so etwas religiös begründet wird, auch unter Muslimen. Da sage ich dann: ‚Moment mal, jetzt willst du meine

Religion verwenden, um deine Interessen durchzusetzen.'
Und zwar zu Lasten der Frauen. Das ist natürlich easy, da
geht es einfach um Macht. Bestimmte Privilegien will man
offenbar der anderen Hälfte der Menschheit nicht abgeben."

Allerdings gibt es auch andere Imame, auch in Deutschland. Nur leicht haben sie es mit einer Gemeinde voller
bequemer Männer dann nicht. „Manche Imame sind mutig,
die versuchen ihre Leute ein bisschen umzuerziehen. Ich
kann mich an eine Geschichte erinnern, da kam mein Bruder freitags aus der Moschee und sagte, ,du, ich muss dir
was erzählen, heute gab's richtig was zu lachen! Heute hat
sich der Hoca nämlich das Thema Frauen vorgenommen.
Und da hat er gesagt, wie der Prophet (Friede sei mit ihm)
mit seinen Frauen umgegangen ist und wie ernst er sie als
Partnerinnen genommen hat und dass die Frauen überhaupt nicht dazu verpflichtet sind, den Haushalt zu machen, sondern dass der Mann da auch mitmachen muss.
Den Herren in der Moschee klappte natürlich der Unter-
kiefer nach unten. ,Es war erst mal sehr ruhig', sagte mein
Bruder. Und nach dem Gebet standen alle noch lange zusammen und haben sich unterhalten, und dann ist der Älteste zum Hoca hingegangen und hat gesagt: ,Das war alles
sehr interessant und schön, was er da erzählt hat, aber das
soll er doch bitte nicht so oft erzählen, wenn das die Frauen
hören, die würden doch dann zu Hause gar nichts mehr
machen!' Tja, und natürlich ist so ein Hoca, der oft von der
Gemeinde bezahlt wird, auch von denen abhängig, der will
sich ja nicht allzu unbeliebt machen."

Neslihan ist, obwohl sie eines Tages gerne eine Familie hätte, noch nicht verheiratet – aber neuerdings hat sie
einen Kandidaten im Auge. Sie hat ihn in der Türkei kennen gelernt, wo sie oft geschäftlich zu tun hat; er lebt in
Ankara, und es ist ihnen beiden ernst. „Ein Türke muss es

natürlich nicht unbedingt sein, aber halt ein Muslim. Das schon. Ich hätte sonst einfach Angst, dass es zu viele Differenzen gibt, gerade auch wenn es mal um Kinder geht. Und ein nichtmuslimischer Mann, der hat ja dann auch vielleicht andere Pflichten mir gegenüber als ein Muslim. Darum, wenn es um nichtmuslimische Männer geht, da springen meine Hormone erst gar nicht an ..."

Welche speziellen Pflichten ein muslimischer Mann haben könnte, hat sich Neslihan allerdings noch nicht so genau überlegt. „Das mit dem Unterhalt fällt ja schon mal weg. Religiöse Pflichten, was die fünf Säulen des Islam angeht, die sind sowieso für alle Menschen gleich, ob Mann oder Frau. Und die anderen Regelungen – nun, Religion ist ja nicht starr. Zeiten ändern sich, Gesellschaften ändern sich, Menschen ändern sich. Wenn du heute mal guckst, wie viele muslimische Frauen berufstätig sind, da hat ja die Regel, dass er für sie finanziell sorgen muss, so keinen Sinn mehr. Zum Beispiel wenn ich heute heiraten und meinen Mann nachkommen lassen würde, würde ich finanziell für ihn aufkommen, das ist doch ganz klar. Er hätte hier ja erst mal keine Stelle, wir haben darüber auch schon gesprochen. Die religiöse Verpflichtung, die der Mann gegenüber der Familie hat, ist unter diesen Umständen natürlich eine andere."

Mit dem Arbeiten aufzuhören, um selbst in die Türkei zu gehen, kommt für Neslihan nicht in Frage. „Nein, da würde ich ja platzen. Immer nur zu Hause, das geht für mich überhaupt nicht. Und Frauen sollen ja auch arbeiten, sie sollen sich bilden. *Ikra*, also die Aufforderung im Koran: Lies!, der Bildungsauftrag, den der Koran ausspricht, ergeht an Männer und Frauen."

Umgekehrt, auch das ist selbstverständlich, würden sich Neslihan und ihr Mann den Haushalt teilen. „Man sieht das ja oft, wenn der Mann in die Küche kommt und was anfasst, dann schickt die Frau ihn raus und sagt, das kann ich besser. Das ist nichts speziell Türkisches, sondern generell. Wenn der jetzt da was macht, denkt die Frau vorher schon, da sieht es nachher in der Küche wieder aus. Wir Frauen denken blöderweise so, als seien wir von Natur aus für den Haushalt besser geeignet – aber sorry, das glaub ich nicht. Auch ich musste das schließlich lernen, und übrigens war mein Bruder da früher viel besser als ich, da hat *er* immer *mich* rausgeschickt. Aber das ist so ne typisch weibliche Denke, auch wenn es ums Wickeln geht, ach, ich wickle den Kleinen schon. Tja, und der Mann denkt, dann muss ich das ja nicht können, und entsprechend stellt er sich auch an. Und manche Männer denken, wenn sie's trotzdem machen, dann seien sie irgendwie weiblich oder so – aber das ist wirklich deren Denkproblem und nicht meins! Wenn ich nen Autoreifen wechsle, dann denke ich ja auch nicht nach, ob ich zu männlich bin."

Da hatte sich die Ente gerade ein bisschen erholt, und schon ist sie wieder verdattert. Die Vorstellung, wie Neslihan in ihrem langen hellen Rock mit dem Wagenheber hantiert ... Gut, das sind genau diese Vorurteile, die sie gerade angesprochen hat. Sie weiß von ihnen, und gleich setzt sie noch einen drauf. „Ich denke auch nicht nach, ob ich zu männlich bin, bloß weil ich mich für Fußball interessiere. Ich bin wirklich ein ganz großer Fußballfan, ich geh auch zu Spielen. Neulich hatte ich sogar eine Karte fürs Finale der Champions League in Istanbul, Liverpool gegen Milan, die hatte ich per Los gewonnen! Und dann konnte ich leider wegen eines Gerichtstermins nicht hinfliegen. Aber mit solchen Sachen stoße ich innerhalb der islamischen Community ein bisschen auf Unverständnis, und auch bei meinen deutschen Freunden – Frau und Fußball, denken die, das geht doch nicht zusammen. Oder wer mich nicht kennt, meint vielleicht, die sieht so brav aus, so unterwürfig, und dann bin ich gar nicht so. Das verunsichert viele, und die Unsicherheit wird dann mit so Sprüchen überspielt."

Mit der Zeit werden sich die Geschlechterrollen ändern, auch innerhalb der „Community", davon ist Neslihan überzeugt. Bei der Erziehung fangen die Veränderungen an – und in der Erziehung schlagen sich Reste der alten Ordnung nieder. „Momentan ist es ja oft noch so, auch bei meiner Schwester, wenn mein kleiner Neffe Durst hat, wird die noch viel kleinere Nichte in die Küche geschickt, die soll ihm Wasser holen. So werden die neuen Machos herangezogen! ‚Lass das Mädchen doch sitzen', hab ich gesagt, ‚der ist groß genug, der kann sich doch selbst ein Glas Wasser holen!' Und das sind genau dieselben Mütter, die sich über ihre Männer beklagen, dass sie zu wenig im Haushalt machen. Na, was für ein Wunder!"

In Begleitung der eigenen Eltern ist Neslihan bereits einmal nach Mekka gepilgert, sie ist „ein richtiger Hadschi", wie sie lachend sagt, und am liebsten möchte sie sofort wieder dorthin. „Wenn es klappt, *inshallah*, will ich dieses Jahr noch einmal für zwei Wochen nach Mekka, im Monat Ramadan. Ich bin ja schon viel herumgekommen, aber so etwas Schönes wie in Mekka habe ich noch nie gesehen. Man steht dort in der großen Moschee mit all den anderen Gläubigen, an einer Stätte, wo schon Mohammed und Ibrahim waren, und man wird ganz klein und hat ein wahnsinniges Wahrheitserlebnis. Man sieht, wie kurz das Leben ist und wie sinnlos und wie nebensächlich all diese Probleme sind, die einen normalerweise so umtreiben – nachher sieht man einige Dinge ganz anders."

Um diese Erfahrung immer wieder wachzurufen, ein wenig zumindest, auch im Alltag, dafür ist für Neslihan das Gebet da, selbst wenn sie die fünf Gebetszeiten nicht einhalten kann: „Abschalten, innehalten und mir sagen: Okay, jetzt erinnerst du dich wieder daran, dass du nur ein Mensch bist und Gott dienst und es dich nicht ewig auf dieser Welt gibt. Und danach gehst du wieder zurück in die Realität."

Von Mohammed ist der Ausspruch überliefert, man solle jederzeit so leben, als ob man bis zum nächsten Morgen sterben könne – und gleichzeitig so leben, als ob man ewig leben werde. Womit gemeint ist: Man soll in seinem Handeln ganz auf Gott und seine Gebote ausgerichtet sein; und gleichzeitig das irdische Leben ganz ernst nehmen, in seinen Verpflichtungen und auch seinen Freuden. Manche Muslime meinen sogar, in dieser Balance zwischen Jenseitigem und Diesseitigem liege die Besonderheit ihrer Religion, wohingegen sich das Judentum vor allem auf das richtige Leben in dieser Welt konzentriere, das Christentum es dagegen vornehmlich als Vorbereitung auf das nächste Leben verstehe. Ob diese Einschätzung anderer Religionen nun stimmen mag oder nicht – an das Ideal dieser Balance zwischen beidem erinnert Neslihan: mit ihrem Wunsch, ganz und gar Muslima zu sein, mit ihrer Begeisterung für den Hadsch, mit dem nachhaltigen Entzücken, das das Gefühl, klein zu sein in dieser Welt, bei ihr hervorgerufen hat. Und gleichzeitig ist unübersehbar: Sie steht mit beiden Beinen fest in dieser Realität. Sie ist bestens informiert über alle möglichen juristischen und politischen Vorgänge im In- und Ausland, sie hat dazu handfeste Ansichten, die sie, wenn nötig, mit Nachdruck vertritt; und dabei ist sie kein bisschen borniert, sondern kennt immer beide, wenn nicht gar drei Seiten derselben Medaille.

Auf einer etwas konkreteren Ebene ist sie geradezu einschüchternd gut organisiert, hat diesen ebenso einschüchternd dicken Terminkalender und mit ihren dreißig Jahren schon eine erstaunliche Menge Berufserfahrung. „Das
Komische ist, ich habe schon immer mit Kopftuch gearbeitet, auch bei der Agentur für Arbeit, das wäre heute wohl
gar nicht mehr möglich. Aber ich habe Glück gehabt, auch
mit meinen Bewerbungen. Mit meiner ersten Bewerbung
hatte ich gleich Erfolg! Meine Freundinnen haben immer
gestaunt, wie ich das bloß geschafft habe. Die haben derweil hundert Bewerbungen pro Monat geschrieben – das
sind hoch qualifizierte, super aussehende, hochintelligente
Frauen – und lauter Absagen bekommen. ‚Und du‘, haben
sie gesagt, ‚du bist doch ganz am Ende der allgemeinen
Nahrungskette und kriegst gleich etwas. Vielleicht sollten
wir auch Kopftuch tragen?‘“ Neslihan lacht, denn der Vergleich mit dem Plankton oder den Fruchtfliegen oder was
auch immer im Tierreich am Ende der Nahrungskette
steht, war offensichtlich nur neckend gemeint und macht
ihr nichts aus. „So ist es natürlich nicht, das hat nicht am
Kopftuch gelegen. Aber es ist eben auch nicht umgekehrt:
Du bist nicht automatisch benachteiligt, nur weil du Muslima bist und Kopftuch trägst.“

Kaum hat sie das ausgesprochen, merkt sie: Das muss
sie doch etwas revidieren. Es gibt nämlich doch Benachtei-
ligungen. „Es gibt schon Schwierigkeiten; eine Freundin von
mir findet seit Ewigkeiten nichts, das liegt auch am Kopftuch, und sie sagt: Bald zieh ich's ab, ich will doch nicht
von Sozialhilfe leben! In dem Punkt habe ich viel Glück gehabt, denn ich weiß, dass es gerade in den letzten Jahren
sehr viel schwieriger geworden ist, Frauen, die Kopftuch
tragen, beruflich zu integrieren – was natürlich dazu führt,
dass man die Frauen mit dieser Art von Politik wieder in

die Küche schickt. Wo wir sie da gerade rausholen wollen! Man will doch sagen, kommt her, kommt in die Gesellschaft!"

Neslihan nimmt auch ein Wort in den Mund, mit dem viele Dreißigjährige nur wenig anfangen können – jedenfalls nicht ohne Einschränkungen, verlegene Relativierung und Wenn und Aber. Neslihan hingegen sagt von sich, sie sei Feministin. Das schlägt sich in ihrer Arbeit als Juristin nieder, in ihren politischen Wortmeldungen. Und in ihrem Arbeitsalltag. „Einmal war ich Teamleiterin in einem Büro, da war ein Kollege mit einem Alkoholproblem, das war bekannt. Und er hat alle Frauen angebaggert – nur mich nicht. Und das nicht etwa, weil ich seine Vorgesetzte war. Die Kolleginnen haben mir davon erzählt, und alle haben sich gewundert, warum ich verschont blieb, das grenzte ansonsten schon fast an sexuelle Belästigung. Und irgendwann war ich mit ihm in einem Gespräch, da kam das Thema auf, und ich habe ihn dazu befragt. Und er sagte: ‚Ja, bei Ihnen ist das etwas anderes. Bei Ihnen sehe ich ja gleich so ein Stoppschild!' Da war ich fassungslos! ‚Sie sind doch eine muslimische Frau und tragen ein Kopftuch, da kann man so etwas nicht machen.' Das fand ich total beleidigend."

Was war das für eine Fassungslosigkeit, für ein Gefühl von Beleidigung? Etwa, dass sie selbst mit ihrem Kopftuch nicht „als Frau" wahrgenommen wird? Keineswegs. „‚Also Herr Soundso', habe ich gesagt, ‚das dürfen Sie bei den anderen Frauen aber auch nicht machen! Dass die kein Kopftuch tragen, heißt doch nicht, dass sie Freiwild sind!' – So eine Denke ist doch total Kacke. So denken ja übrigens auch viele türkische Männer. Und Frauen! Einmal war da ein Vergewaltigungsprozess, da haben sich die alten Weiber die Mäuler zerrissen: ‚Kein Wunder, was der passiert ist, die hatte ja auch einen Minirock an.' Da hab ich gesagt: ‚Wie bitte? Und was ist mit dem Mann? Er ist es doch, der vergewaltigt hat!' Ich habe denen dann etwas mehr über den Fall erzählt, da waren die ganz schnell still. Und ich habe ihnen auch gesagt: ‚Na toll, wenn ihr so vor euren Söhnen redet, dann denken die am Ende noch, die dürfen das. Aber die dürfen das nicht! Und nicht die Frau ist dran schuld, sondern der Kerl.'"

Man erinnere sich an die Sozialarbeiterin, die von der Freizeitarbeit mit ihren Kreuzberger Mädchen erzählte: Diese wollten sich vor den Blicken der Jungs schützen, vor der Anmache. Wenn sie Kopftuch trügen, meinten diese Mädchen, seien sie auf der sicheren Seite. Sich auf diese Logik des Verhüllens und der zur Schau gestellten Sittsamkeit einzulassen, ist eine gefährliche Sache.

„Oder einmal", fährt Neslihan fort, „da hat eine Frau, die eingehüllt war von Kopf bis Fuß, gesagt: Mir kann das nicht passieren. Von wegen! Wenn ich so etwas höre, krieg ich was an mich. Und das wird dann natürlich auch umgekehrt so verkauft: ‚Kleidet euch züchtig, damit ihr sicher seid, ansonsten ...' Das wird dann gesagt, um politischen Druck auf die Frauen auszuüben. Das ist nicht okay! Nur wenn die Frau von sich aus sagt, sie will sich verhüllen, weil es ihr gut tut, weil sie sich gut fühlt damit, dann ist das was anderes."

Leben wie in einer Artischocke

„Du bist ja gar keine typische Türkin" – oft steht die Lebensdauer eines Klischees in keinem erkennbaren Zusammenhang mit dem Ausmaß, in welchem es die Wirklichkeit treffend beschreibt. Man denke nur einmal daran, wie sich vermeintlich besonders tolerante Großstädter ihrer Sympathie für Schwule lange Zeit mit dem Satz rühmten: „Ich erkenne jeden Schwulen schon allein am Äußeren." In der Tat stellte sich dann bei vielen Ohrring tragenden, sich näselnd artikulierenden, durch die Stadt tänzelnden Friseuren heraus, dass sie tatsächlich schwul waren. Die Methode versagte allerdings regelmäßig, was die Früherkennung schwuler Familienväter, Bankangestellter, Lehrer und Gärtnermeister anging, die unauffällig breitbeinig irgendwo herumstanden und mit konventionell männlichem Bariton ihre auch nicht so wahnsinnig unkonventionellen Ansichten vertraten. Da solche „untypischen" Exemplare aber unerkannt blieben, konnte ihre Existenz die These, nach der alle Schwule am Ohrring zu erkennen seien, nicht in Frage stellen.

Von den Schwulen zurück zu den Türkinnen, einer anderen Minderheit, die in denselben Fußgängerzonen derselben Großstädte unterwegs ist: Solange genügend Frauen mit Kopftuch gesichtet werden, liegt es nahe, sie, nicht aber andere Frauen vergleichbarer Herkunft als typische Töchter der Gastarbeitergeneration zu identifizieren. Dieses Wahrnehmungsmuster funktioniert inzwischen so gut, dass auch immer mehr Araberinnen und Iranerinnen, sofern mit

Kopftuch oder gar komplett verhüllt, fälschlicherweise als „Türkinnen" wahrgenommen werden. Welche Überraschung für eine Touristin aus den Vereinigten Arabischen Emiraten, wenn sie wüsste, dass sie von vielen Mitgliedern des bereisten Landes insgeheim als Indiz misslungener Integration und lebendes Argument für ein Kopftuchverbot in allen Schulen angesehen wird!

Fernsehen und Printmedien tragen an der Durchsetzung dieses Stereotyps nicht die alleinige Schuld, haben aber auch ohne böse Absicht einen gewaltigen Anteil; oft ist es schlicht Unachtsamkeit oder, noch öfter und noch schlichter, die von dem jeweiligen Medium vorgegebene Notwendigkeit, das verhandelte Thema zu bebildern. Und wie kann man einen Fernsehbeitrag über türkischstämmige Deutsche oder einen Zeitungsartikel zum Thema „Islam in Deutschland" illustrieren, wenn die auf dem Bild gezeigte Person „einfach nur normal" aussieht? Wer „Einwanderungsgesellschaft" darstellen will, findet in dem Foto einer Gruppe Kopftuch tragender Frauen ein eindeutiges Signal, wohingegen ein weniger diskriminierendes Bild einer belebten Innenstadt bloß „allerlei" Menschen beim Einkaufen zeigt. Für das Umschlagfoto dieses Buches wiederum kam ein typisches „Kopftuchfoto" nicht in Frage (nur vier der 19 interviewten Frauen tragen eins); doch als die Entscheidung für das Foto der telefonierenden jungen Frau schon fast gefallen war, stellte sich plötzlich die Frage: Woran kann der Leser denn eigentlich erkennen, dass diese Frau eine Türkin ist – es könnte doch genauso gut eine Spanierin sein?

In der Tat. Vielleicht ist es sogar eine! Oder eine Australierin, deren Großeltern schon um die halbe Welt gewandert sind – die teilweise verschlungenen Wege der Vorfahren sieht man einem Menschen nicht an. *Wenn* man einem Menschen aber etwas auf den ersten Blick ansehen kann –

nämlich ein Kopftuch, darunter liegende dunkle Augen-
brauen und Augen – meint man, es eindeutig zuordnen zu
können. Fast zwangsläufig wird ein Kopftuch mit Rückständigkeit und Demokratiefeindlichkeit und seit dem
11. September oft auch geradewegs mit Terrorismus assoziiert. So ging neulich Neslihan, unsere feministische Juristin,
mit einer Freundin im Park spazieren. „Und außer unseren
Kopftüchern trugen wir an dem Tag schwarze Röcke und
Blusen, reiner Zufall. Hinter uns ging ein Deutscher und
telefonierte übers Handy, vielleicht dachte er, wir verstehen
ihn nicht. Jedenfalls sagte er: ‚Und grad in dem Moment
laufen vor mir zwei Terroristen.' Der Mann war ungefähr
35. Er lebt in einer Großstadt! Und solche Bemerkungen
kommen gar nicht so selten vor."

Nur der auffällige Islam macht Schlagzeilen, nur die
gewalttätigen Muslime werden als Muslime erwähnt. Man
hört vom Islam, wenn auf ein Hotel auf Bali oder in Ägypten ein Anschlag verübt worden ist, wohingegen es auch
tatsächlich absurd wäre, die vielen Hotels auf Bali und in
Ägypten, in denen sich deutsche Touristen wohl und sicher
fühlen, in den Katalogen der Reiseveranstalter mit „mus-
limisch geführt" zu bewerben. Und mit der Zeit wird die
gesamte Religion vornehmlich mit Mord und Terror in Verbindung gebracht. Auch Zeynep, ausgerechnet Zeynep!, die
ihr Kopftuch nur beim Beten aufsetzt, die sich ein einziges
Mal in eine deutsche Moschee getraut hat und danach nie
wieder, die ihren Kindern einen Weihnachtsbaum aufstellen will und ihnen alles vom Christentum erklärt (außer
der Dreifaltigkeit), auch Zeneyp kam schon einmal in die
Situation, sich mit Terroristen in einer Schublade wieder-
zufinden. „Eines Tages kam mein Sohn von der Schule
heim und fragte: ‚Mama, wir sind doch Muslime?' – ‚Ja.' –
‚Dann sind wir doch ganz böse Menschen.' – ‚Wie kommst

du denn darauf?' – ‚Na, die Muslime haben doch die beiden Türme in New York zerstört, und dabei sind ganz viele Menschen gestorben.' Da musste ich schon schlucken. Ich habe ihm erst mal erklärt, dass das zwar Muslime waren, aber eben böse Menschen, und dass es unter den Muslimen böse Menschen gibt wie überall sonst auch." Dieses und ähnliche Erlebnisse ihres Sohnes, der wiederholt auf dem Schulhof zu hören bekam, dass doch Muslime die Mörder vom 11. September gewesen waren, oder? – dies war für Zeynep der Anlass, ein Fastenbrechen in einer evangelischen Kirche zu organisieren. Der Pfarrer hielt es übrigens sofort für eine gute Idee – und verlangte trotzdem 200 Euro Saalmiete.

Es geht Zeynep darum, einen anderen Islam bekannt zu machen als den, der von Hass und Kampf und einem Antagonismus zwischen Orient und Okzident besessen ist – und dank der Ignoranz des Westens und seiner eigenen Verbrechen leider das hiesige Bild des Islam bestimmt. „Aber die Ignoranz geht nicht nur in eine Richtung so", ergänzt Zeynep, so will sie das nicht missverstanden wissen. „Bei vielen meiner türkischen Bekannten ist das Interesse am Kennenlernen der deutschen Kultur und Religion auch nicht besonders groß. Bei denen steht immer nur im Vordergrund: ‚Wir müssen uns den Deutschen bekannt machen.' Ich sage dann immer: ‚Aber nicht nur wir müssen uns ihnen bekannt machen, wir müssen auch sie kennen lernen. Wir leben hier, wir müssen verstehen, was ihre Religion ist.' – ‚Was haben wir davon?', heißt es dann oft zurück, ‚das ist doch eine ganz andere Kultur.'"

Doch bleiben wir, bevor wir uns mit den Versäumnissen der Türken im Lande beschäftigen, noch kurz bei denen des „Gastlandes" selbst. Allein das Verständnis, dass es um eine kurzfristige Aufnahme von ausländischen Arbeitern, um „Gastarbeit" gehe, hat bekanntlich die Weichen für die kommenden Jahre und Jahrzehnte ungünstig gestellt. Die Neuankömmlinge wurden in Wohnheimen untergebracht, Italiener, Portugiesen, Türken, Jugoslawen ohne gemeinsame Sprache, weit ab von den Deutschen. Es hat lange gedauert, bis die Immigranten Wohn- und Lebensverhältnisse erreichen konnten, die ungefähr denjenigen von Deutschen derselben Schicht entsprachen. Es hat auch lange gedauert, bis nicht nur der Besuch von Deutschkursen zur Pflicht gemacht wurde, sondern genügend entsprechende Kurse angeboten wurden. Bis heute duldet das Staatsbürgerschaftsrecht in Deutschland die doppelte Staatsbürgerschaft nur als Ausnahme, und bis heute wird auch gestritten, ob Deutschland, wo bereits mehr als sieben Millionen Menschen anderer Staatsangehörigkeiten leben, tatsächlich ein Einwanderungsland sei.

In den Zeiten der Anwerbeabkommen kamen übrigens nicht nur männliche Arbeitsmigranten. Schon in den ersten Jahren waren auch viele Frauen darunter, die Zahlen liegen bei ungefähr 20 bis 30 Prozent, und viele von ihnen kamen alleine, als Ernährerinnen ihrer in der Heimat verbliebenen Familie, wie die Männer auch. Warum diese erste Generation mutiger – weil Einsamkeit, Fremde und eine große Verantwortung auf sich nehmender – Frauen im heutigen Bewusstsein so unsichtbar geworden ist, bringt Yaprak, die in einer Beratungsstelle für Familien aller Nationalitäten arbeitet, zum Grübeln: „Wenn man sich mal überlegt, wie selbstständig die Frauen waren, als sie in den siebziger Jahren gekommen sind – und viele sind ja allein gekommen! Und wenn man das damit vergleicht, wie eingeschränkt heute viele Frauen hier leben. Es wird immer gesagt, die seien einfach nicht integrationswillig, dabei ist ihr Verhalten eigentlich ganz logisch. Wenn ich der bin, der mächtiger ist – und das ist hier nun mal die deutsche Gesellschaft – und die Sachen bestimmt, wenn ich da nicht offen bin für die anderen, die dann ja auch kaum Macht und Möglichkeiten haben, kann ich doch nicht von denen erwarten, dass die auf mich zukommen. Und man war nicht offen, ist es oft bis heute nicht. Und die hierher kamen, hatten Angst und Scheu. Das muss man sich aber auch mal vorstellen, wie einschüchternd das für die war: wie die untergebracht wurden und wie man die ausgesucht hat! Die Leute mussten ja ganz gesund sein, man wollte sie ursprünglich auswechseln, das sollte alles nach dem Rotationssystem gehen, die haben bei den Leuten sogar die Zähne untersucht."

Was ist davon geblieben, von dieser Einstellung der sechziger, der siebziger Jahre, in der Menschen nur als Arbeitskräfte betrachtet wurden, in der man zu jedem Türken auf Distanz ging, weil er schließlich nach Knoblauch riechen könnte? In der „Gastarbeiter"-Kinder auf Schulhöfen verlacht wurden und man es witzig fand, „Ausländerdeutsch"-Sätze voller Infinitive zu bilden? Noch vor zwölf Jahren, als ich als Zeugin in einem Verkehrsdelikt im örtlichen Polizeirevier eine Aussage zu machen hatte, begegnete ich am Eingang einem Aufkleber mit dem ermutigenden Spruch: „Ich nix verstehen. Ich Deutscher." Das war in dem so ausländerfreundlichen, bunt gemischten Frankfurt, im Studentenviertel Bockenheim.

Anderthalb Jahrzehnte Mulitkulti werden dem Beamten seine Revieralüren inzwischen ausgetrieben haben. Und doch zeigt sich die alte Haltung gegenüber den „Gästen" auch weiterhin gegenüber ihren Nachkommen, wenn auch meist weniger in direkter, aktiver, sondern in eher passiver oder reaktiver Form. Zum Beispiel in der an Voyeurismus grenzenden Ausführlichkeit, mit der Magazine und Fern-

sehtalker Horrorgeschichten aus dem Weddinger „Ghetto"
ausbreiten und das Patriarchat nicht bei sich, sondern beim
Anderen, also im Orient vermuten. In der zur Schau ge-
stellten, oft auch „gut gemeinten" und trotzdem oft an der
Oberfläche bleibenden Toleranz dem Islam gegenüber, von
dem auch nach zig Kultursendungen und Büchern zum
Koran kaum Wissen oder – was viel wichtiger als Zahlen,
Fakten und Suren wäre – kaum Verständnis hängen bleibt.
Und noch viel harmloser, noch viel weiter verbreitet zeigt
sich die alte Haltung in einer bis heute empfundenen
Distanz auf beiden Seiten, die zum Beispiel dazu führen
konnte, dass Yapraks seit Jahrzehnten in Berlin ansässiger,
linksliberaler deutscher Schwager, bevor er ihre Schwester
heiratete, noch nie mit auch nur einem Türken oder einer
Türkin besser bekannt oder gar befreundet war. Es steckte
keinerlei böse Absicht dahinter. Der Schwager befürwortet
sogar das uneingeschränkte Wahlrecht für Ausländer, die
seit drei oder mehr Jahren in Deutschland leben. Aber über
den Kontakt mit seinem Gemüsehändler hinaus „kannte er
halt nie einen".

Unsichtbare Grenzen werden aufrecht erhalten. „Das ist
wirklich ein Phänomen, wie man gegenüber Leuten, über
die man so wenig weiß, die man so wenig kennt, eine so
starke Abneigung haben kann", klagt Nimet. „Nein, ich bin
noch nie verprügelt worden, und dass jemand direkt etwas
Ausländerfeindliches sagt, kommt auch eher selten vor.
Und trotzdem. Es gibt gegenüber Türken und dem Islam –
das wird ja zunehmend miteinander in Eins gesetzt – eine
Unwissenheit, die ist nicht mehr natürlich. Das ist schon
Ablehnung. Und das begegnet einem jeden Tag. Wenn ich
auf die Straße gehe, gibt allein mein Aussehen den Menschen das Gefühl, dass sie mit mir auf eine Weise umgehen

dürfen, wie sie es untereinander nicht akzeptieren würden. Man nimmt mich nicht für voll, ich brauche viel länger, bis ich dasselbe durchgesetzt habe. Diese Einstellung gegenüber Anderen macht das Leben hier nicht gerade einfacher. Für mich ist es anstrengend, damit zu leben, zumindest wenn du bewusst lebst, wenn du die Leute wahrnimmst, wenn du dich mit Sachen auseinandersetzt. Wenn ich das einfach ignorieren könnte, wäre es sicher einfacher – aber Ignorieren, also Augen zu und durch, das ist mir in dem Fall einfach nicht gegeben."

Nimet lässt hier offen, ob es sich bei dieser Form der Fremdenangst um eine deutsche Spezialität handelt. Meral dagegen, die lieber zum Reitunterricht ging, als sich Tuncas Loblied auf den türkischen Ehemann weiter anzuhören, hat auch für die deutsche Umgebung einige scharfe Worte parat. Von ihrem Inhalt her erinnern sie übrigens an etwas, das der türkische Schriftsteller Orhan Pamuk in seiner Dankesrede anlässlich des Friedenspreises des Deutschen Buchhandels 2005 etwas vorsichtiger formuliert hat: Obwohl Millionen Deutsche jedes Jahr Urlaub in der Türkei machten, meinte Pamuk, wüssten sie noch wenig über das Land ihrer Reisen. Meral macht der deutschen Seele einen Vorwurf draus: Die Mehrheit der Deutschen sei nicht gewillt, von anderen zu lernen; man gehe auf Reisen, bringe von dort aber nicht wirklich etwas mit; überhaupt sei man nicht darin geübt, mit anderen Ländern, Kulturen, Bevölkerungen umzugehen. „Geh nach London! Nach Paris! Geh mal nach Holland!", ruft Meral, die Trolleys jeder Größe besitzt für jede ihrer Städtereisen. „Da kannste aussehen, wie du willst, und wenn du rabenschwarz bist, da kannste tragen was du willst, keiner schaut sich nach dir um, das fällt keinem auf. Die Leute dort sind das gewöhnt, dass die Menschen unterschiedlich sind. Und das liegt nicht nur daran, wie man sagt: Die hatten halt Kolonien. Quatsch! Das ist eine Frage der Einstellung. Hier dagegen heißt Integration immer: Assimilation. Wenn du dich nicht ganz anpasst, genauso bist wie alle anderen, das wird nicht gern gesehen."

Überall ist es besser als hier? Man mag einwenden, dass diese Idealisierung von London, Paris und Holland eine *unzutreffende* Idealisierung ist. Dennoch ist das dahinter stehende Gefühl ernst zu nehmen, auch wenn es vage ist, wenn es nicht unbedingt einen Vorwurf nach sich zieht. (Und wenn doch, an wen sollte sich dieser Vorwurf richten?) Das Gefühl nämlich lautet, aus Sicht der Mehrheit noch nicht wirklich dazuzugehören, hier nicht wirklich gewollt zu sein, obwohl man selber die längste Zeit oder gar schon immer in diesem Land gelebt hat. Und dabei handelt es sich um mehr als bloß um subjektive Paranoia, sondern um einen schlichten Nachhall der Tatsache, dass die ersten ausländischen Arbeitskräfte „rotieren" und wieder zurückkehren sollten. Dass dies in der Realität nicht geschah, ist heute zwar allgemein anerkannt. Dass aber wenigstens ihre Nachkommen hier dauerhaft willkommen sind, als ein selbstverständlicher Teil der hiesigen Bevölkerung, dieses Signal ist bis heute auch nicht ergangen. Eher umgekehrt: Jede Debatte um den Doppelpass und auch um die Fremdartigkeit der Türkei signalisiert das Gegenteil: „Ich frage mich, ob die sich klarmachen, was diese EU-Debatte für die hier lebenden Türken bedeutet. Man redet immer so, als ob es nur um die Türkei ginge, dort drüben. Wie weit weg das ist, und der fremde Islam und all das. Und das heißt für die Türken, die hier leben, dass auch sie fremd sind, dass man sie als anders wahrnimmt. Also sind wir etwa kein Stück von Europa und von Deutschland, gehören wir etwa nicht hierher?"

Und doch kann man nur den einen Teil der Verantwortung
dafür „den Deutschen" geben – den anderen tragen „die
Türken" hier im Land. Die *anderen* Türken selbstverständlich, die rückschrittlichen, die peinlichen; die, die den sozialen Aufstieg nicht mitgemacht haben, die den Sprung von
den Dörfern Anatoliens ins moderne Europa nicht gewagt
oder nicht geschafft haben, die stehen geblieben und damit
zum lebenden Anachronismus geworden sind: Sie bilden
gleichsam eine Insel von überlebtem Türkisch-Sein, wie es
in der Türkei kaum mehr vorkommt, mitten in Deutschland. Auf diese Inselbevölkerung blicken die Modernen,
die Gebildeten, die „Integrierten" oder „Assimilierten" mit
einer Mischung aus Mitleid und Entsetzen. „Die türkische
Gesellschaft hat sich ja längst weiterentwickelt, nur die
Türken hier, die bleiben gleich", erklärt Rüya, die während
ihres Medizinstudiums verschiedene Anlässe hatte, die all-
gemeine Verdachtshaltung türkischer Akademiker am ver-
dächtigten Objekt selbst zu überprüfen. „Oder jedenfalls
ist es nur die eine Schicht, die sich weiterentwickelt. Die
anderen türkischen Leute hier sind viel engstirniger als die
Leute dort – man kann ja ins letzte anatolische Dorf gehen,
selbst da findet man offene Menschen. Man stellt sich das
so vor, als blieben diese Dörfler immer, wie sie waren –
aber nein: *Hier, die* bleiben, wie sie waren! Ich habe mal
in einer deutschen orthopädischen Praxis ein Praktikum gemacht, da kamen lauter alte türkische Leute hin von einer
Sorte, die siehst du in der Türkei gar nicht mehr. Wenn
zum Beispiel einer zum Arzt geht, kommen gleich tausend
Verwandte mit. Da muss man erst mal fragen: ‚Wer ist hier
eigentlich der Patient? Der Rest bitte wieder raus ins Warte-
zimmer.' Und wenn wir dann sagen, ‚bitte ziehen Sie sich
aus', dann ist das wie eine Artischocke. Schichtweise wird
sich da ausgezogen, also unter dem Rock kommt eine Hose,

darunter noch ne Hose, was da alles drunter steckte, da war ich baff! Wenn man die untersuchen möchte, gibt's tausend Hindernisse, und wenn man ihnen dann sagt, ‚wir tun für Sie, was wir können, aber Sie müssen auch mithelfen, Sie müssen sich mehr bewegen, abnehmen' – das geht da rein und da raus. Und das ist typisch für ihr Verhalten: Sie hören praktisch nicht zu, also gibt es auch keine Entwicklung."

Anders als in der Türkei selbst. Rüya hat mehrere medizinische Praktika in der Türkei gemacht, in unterschiedlichen Vierteln, durchaus auch bei „einfachen" Leuten: „Doch, ich habe den Vergleich, dieses Stillstands-Phänomen, das gibt's nur hier." Andere hier lebende Türken wiederum beobachten, in Übereinstimmung mit mancher soziologischen Forschung, dass es sich keineswegs um schlichten Stillstand handelt, sondern gerade im Bereich der Religion um eine zusätzliche Verhärtung, um einen Weg zurück – an einen Ort, zu einem Zustand, der so nie existiert hat, den man sich ex post gewissermaßen als die gute alte Zeit ausmalt, in der die Dinge noch in Ordnung waren. Und nichts anderes meint ja der Begriff Fundamentalismus: Eine moderne Bewegung, die – auf der Flucht vor diversen Zumutungen und schwierigen Lebensbedingungen der Moderne – davon überzeugt ist, etwas vermeintlich Altes, Ursprüngliches wiederentdeckt zu haben und wiederbeleben zu können. Mit Blick auf Aserbaidschan hatte Rüya dies das Phänomen der „verdatterten Ente" genannt; Ähnliches gibt es auch hier.

Zwischen Rüya und ihren Altersgenossinnen mit vergleichbarem Bildungs- und Ausbildungsstand einerseits und der ersten Generation der „Gastarbeiter" und den hier beschriebenen „still Gestandenen" andererseits verläuft ein tiefer Graben, was Ausbildung, Einkommen, Einstellungen, Auftreten und Selbstverständnis angeht. Von vielen Deutschen werden sie allerdings als *eine* Gruppe, wird die Ärztin mit der Artischocke in einen Topf geworfen. Um das als kränkend zu empfinden, braucht die Ärztin gar kein Snob, keine hochmütige Neureiche zu sein. Und man braucht auch nicht unbedingt Ärztin zu sein, um diese Kluft zu empfinden. Tekay zum Beispiel, die Halbwaise, die Träumerin, die geschiedene junge Mutter ohne jeden Schulabschluss, oder auch Gülbahar, verhinderte Tänzerin, ehemalige Reiseleiterin und jetzige Werbeassistentin, beide verbindet höchstens eine frühe Vergangenheit mit den „Stillgestandenen". Ihrer Kleidung, ihrem Verhalten, ihrer Glaubenspraxis oder ihrem Liebesleben kann man nicht ansehen, dass ihre Eltern zu genau derselben Generation gehören wie diejenigen, die sich mit Mekka-Kitsch, Kopftuchhäkeleien und türkischen Schlagersendungen in ihren Wohnungen vergraben.

Man kann also nicht sagen, dass es nur die Gebildeten, die Studierten sind, die einer solchen, engen Welt entrinnen; umgekehrt wird allerdings ein Schuh draus: Es ist sehr wohl ein Klassenphänomen, wer diesen Weg in die Abschottung einschlägt oder der ihm möglicherweise von außen angetragenen Isolierung nichts entgegensetzt (was in der Praxis auf das Gleiche hinauslaufen dürfte). Bei weitem nicht alle Kinder der ersten Generation leben so, aber die so leben, deren Lebensstandard ist zwar analog zum allgemeinen Lebensstandard gestiegen, deren Status hat sich aber in wenigem von dem der einstigen „Gastarbeiter" entfernt.

Und wieder einmal ist es vor allem der Ehrgeiz der Eltern, der den entscheidenden Unterschied macht, das mehr oder eben weniger ausgeprägte Bewusstsein der ersten Generation für die Notwendigkeit möglichst umfassender Bildung und Ausbildung. Wer bei den Kindern auf das gründliche Erlernen der deutschen Sprache, auf möglichst umfassenden Schulbesuch gedrängt hat, dessen Kinder konnten viele Möglichkeiten, die Deutschland bietet, für sich nutzen. Andere sind bereits zufrieden, ihr Auskommen zu haben, und verlangen auch für die Kinder nicht mehr.

Eine solche Einstellung bringt Rüya in Rage. Es stellt sich nämlich heraus, dass Rüya nicht nur Mevlanas Weisheiten in die Krankenzimmer trägt, sondern auch außerhalb den einen oder anderen Gesunden „anzuschubsen" versucht – oft allerdings vergeblich. „Wenn ich mal frage, ‚wieso kümmern Sie sich nicht mehr um die Bildung ihrer Kinder?', da blocken die ab: ‚Wieso soll ich mich um die Bildung meiner Kinder kümmern? Ich bin auch so zufrieden!' Die haben eine Wohnung, die haben ein Auto, das ist alles. Wir haben keinen Hunger, denken sie, also können meine Kinder doch in meine Fußstapfen treten. – Wenn ich eine Mutter oder ein Vater wäre, würde mir das für mein Kind aber nicht reichen, ich würde über ein Studium nachdenken, mein Kind ist doch nicht dumm! Und es gibt ja viele, die unterstützen ihre Kinder, obwohl sie selbst nur Arbeiter waren – guck dir halt meine Eltern an. Aber andere haben überhaupt kein Bewusstsein dafür!"

Kein Bewusstsein für den sozialen Aufstieg. Kein Bewusstsein dafür, dass die nächste Generation auf die Schultern der vorigen treten muss, nicht in deren Fußstapfen – denn wer sich nicht bemüht, „sich zu verbessern", der fällt zurück. Das sind die ungeschriebenen Regeln einer postindustriellen Leistungsgesellschaft, in der Arbeitsteilung und Spezialisierung größer sind als jemals zuvor in der Geschichte, in der zwischen ungelernten Arbeitern und hoch spezialisierten Büro- und Geistesarbeitern Welten liegen.

Das Ressentiment, häufiger jedoch das unreflektierte Desinteresse vieler Deutscher an den Türken; die teils in Reaktion darauf stattfindende und teils schlicht Verbohrtheit zu schimpfende Abschottung mancher Türken; Unterschiede in Bildung, Ehrgeiz und sozialem (Selbst)Bewusstsein: All diese Faktoren tragen zu dem bei, was sich in Form von „Parallelgesellschaften" vermutetermaßen in manchen Berliner, Kölner und Offenbacher Hinterhöfen etabliert hat.

Wenn man dieses Wort „Parallelgesellschaft" verwendet, weiß man allerdings nie, ob es sich eher um einen polemischen Begriff handelt oder den annähernd wertneutralen Namen für ein empirisch belegtes Phänomen. Zu oft wurde das Wort im ersten Sinne verwendet und dabei suggeriert, es erhalte seine Evidenz auf dem zweiten Wege. Sicher aber bedeutet Parallelgesellschaft nicht „die Gesellschaft der Türken in Deutschland", sondern nur *eine* Form türkischen Lebens hier – wenn überhaupt. Man hat dabei immer stark patriarchal ausgerichtete, nach den Normen von Geschlechtertrennung und Familienehre organisierte, stark geschlossene Gruppen vor Augen, die mit deutschen Bevölkerungsgruppen nur den für Arbeit und Schulbesuch unumgänglichen Umgang pflegen und deren weibliche Angehörige ohnehin kaum außerhalb des Hauses in Erscheinung treten (dürfen).

Wie weit die Macht solcher Minipatriarchate tatsächlich reicht, hat meines Wissens noch keine empirische Studie untersucht (also wie viele in Deutschland lebende Leute ihr Leben vor allem oder gar ausschließlich an den entsprechenden Werten ausrichten); noch, wie fest umrissen diese Gruppen sind (also wie wenig ihre Angehörige mit anderen zu tun haben, sich von ihnen beeinflussen lassen und diesen umgekehrt Einblick geben). Während die Diskurse der Familienehre oder der zu überwachenden weiblichen Sexualität eher leicht zu finden und gut zu beschreiben sind (siehe allein die Arbeiten von Werner Schiffauer), sind Kinder, die tatsächlich in von diesen Diskursen bestimmten „Ghettos" heranwachsen und von ihnen determiniert sind, nicht gerade häufig anzutreffen, wie *Viele Welten leben*, eine 2005 vom Bundesministerium für Familie, Senioren, Frauen und Jugend in Auftrag gegebene, groß angelegte empirische Untersuchung von Ursula Boos-Nünning und Yasemin Karakaşoğlu zeigt.

Doch weg von den mal mehr, mal weniger üppig vorhandenen Zahlen und zurück zu Rüyas und Nimets, Zeyneps und Gülbahars Sicht der Dinge. Sie bringen nämlich außer den Versäumnissen der Deutschen und denen der Türken noch einen weiteren Faktor zur Sprache, der sich der gelungenen Integration in den Weg gestellt hat und zum Bild solcher Parallelgesellschaften beiträgt: ein Faktor, der so von niemandem vorhergesehen wurde und wohl auch nicht vorhergesehen werden konnte. Im Gegenteil, es sah zunächst so aus, als sei es ein Schritt auf dem richtigen Weg: die Vermischung des Deutschen und des Türkischen in einem Nebeneinander zweier in gleichem Maße wie selbstverständlich gesprochener Sprachen. Nur dass in vielen Fällen aus dem Nebeneinander ein Durcheinander wurde, in dem keine Sprache je zur Perfektion kommen konnte.

„Eins hat mir früher nämlich oft Kopfzerbrechen gemacht", erzählt Ülkü, „Wieso diese Kinder, die hier aufgewachsen sind, manchmal immer noch kein richtig gutes Deutsch sprechen können, sondern nur so ein Kauderwelsch, falsche Grammatik, mangelhafter Wortschatz, wie es scheint. Ich selbst bin ja mit fünf hierher gekommen, das war 1973, das hatte den Vorteil, es waren noch gar nicht so viele türkische Menschen mit kleinen Kindern hier. Das heißt, ich war darauf angewiesen, Deutsch zu lernen, um mit den anderen Kindern Kontakt aufzunehmen. Heute gibt es diese Cliquenbildung, dafür brauchst du kein richtiges Deutsch, da gibt es eine Mischsprache, wenn du in einer nicht weiterkommst, kannst du in die andere wechseln."

Dabei wechselt auch Ülkü ganz gern die Sprachen – für berufliche Dinge wählt sie automatisch das Deutsche, für Gefühlsangelegenheiten bisweilen das Türkische (bis sie dann immer wieder feststellen muss, dass sie mich damit längst abgehängt hat und alles noch mal auf Deutsch wiederholen muss). Doch anders als die Kauderwelschkinder beherrscht Ülkü beide Sprachen perfekt. Während sie das Deutsche außerhalb des Hauses brauchte, gab es innerhalb der Familie nur Türkisch: „Meine Eltern konnten ja noch kaum Deutsch, dadurch war in meinem Kopf alles klar geregelt: Türkisch hier, Deutsch da. Und an das Prinzip versuche ich mich bei meinen Kindern auch zu halten, damit die bloß nicht in so ein Durcheinander geraten! Ich spreche beide Sprachen mit ihnen, aber halt entweder die eine oder die andere. Das Deutsch meines älteren Sohnes ist sowieso perfekt, aber sein Türkisch ist etwas schlechter geworden, seit er in den Kindergarten gekommen ist. Die beiden Jüngeren wiederum können viel weniger Türkisch, weil sie sich untereinander immer auf Deutsch unterhalten können. Die üben Türkisch eigentlich nur im Urlaub."

Und wenn die Familie bei den Großeltern väterlicherseits, in Bayern, zu Besuch ist. „Mit ihren Großeltern sprechen sie dann wieder Türkisch. Aber das habe ich auch aktiv so durchgesetzt. Meine Schwiegereltern können zwar Deutsch, aber es ist nicht einwandfrei, und gerade meine Schwiegermutter hat gedacht, dass sie ja mit ihren Enkeln noch ein bisschen Deutsch dazulernen kann. Da hab ich mich aber geweigert und gesagt: Wenn du Deutsch lernen willst, dann tu das außerhalb, sonst bringst du dem Kind das Falsche bei! Lieber sollen sie mit den Enkeln Türkisch sprechen, gutes Türkisch können sie ihnen beibringen, das Deutsch lernen sie besser von mir."

Es erfordert also einige Disziplin, um dem sprachlichen Kuddelmuddel entgegenzuwirken, das sich beinahe automatisch ergibt. Am schlimmsten ist es aber für diejenigen, die selbst schon Eltern sind und die weder Türkisch noch Deutsch perfekt beherrschen. Auch für deren Kinder (wenn man nachzählt: also die heranwachsende dritte Generation) hat die umtriebige Ülkü einen Elternverein gegründet. „Es ist nämlich oft so, dass die Eltern ihre Kinder durchaus gerne unterstützen würden, aber teilweise überfordert sind. Manche konnten selbst die Schulbildung nicht hundertprozentig mitnehmen, sie wollen das zwar für ihr Kinder, aber ihre Möglichkeiten sind beschränkt. Und was besonders traurig ist, ist, dass sie weder ihre eigene Muttersprache weitergeben können – die können selbst nur noch schlechtes Türkisch. Aber richtig gutes Deutsch können sie auch nicht, sie sprechen mit ihren Kindern zwar Deutsch, aber eben gebrochenes Deutsch. Kurz gesagt: Sie können ihren Kindern da gar nicht groß helfen, obwohl sie wollen, aber dafür brauchen sie Hilfe von außen." Und es klingt ein Bedauern in Ülküs Worten mit, das möglicherweise nicht nur dieser Hilflosigkeit gilt, sondern auch, rückblickend, Hamides eigener mangelnder Nachsicht diesen anderen Eltern gegenüber, auf die herabzusehen so leicht ist.

Rüya will zurück

Sind aber die deutschen Türkinnen, oder die türkischen Deutschen, wie Rüya, Zeynep, Yaprak und Gülbahar, die fast ihr ganzes Leben lang ganz selbstverständlich mit und unter Deutschen leben, eigentlich mehr deutsch oder türkisch? Beides zusammen – oder weder noch? So merkwürdig es scheinen mag, aber das ist gar nicht die Frage, die sie selbst am meisten beschäftigt. Stellt man sie trotzdem, wird man oft eine äußerst verwickelte Antwort bekommen, zum Beispiel: „Weißt du was, am ehesten fühle ich mich als Europäerin. Wieso auch nicht? Ich reise sehr gern in andere europäische Länder, ich spreche fünf Sprachen, höre internationale Musik, fühle mich sehr europäisch, nur halt mit türkischen Wurzeln. Aber das Europäische, das Moderne, und das Türkische, das schließt sich ja auch gegenseitig nicht aus! Da, wo wir herkommen, aus Antakya" – das frühere Antiochia in der Nähe der syrischen Grenze – „da war schon vor Jahrzehnten alles sehr modern. Ich könnte dir Fotos zeigen von meiner Mutter, wie die getanzt hat mit ihren Freunden und Freundinnen, da kannst du gar nicht sagen, ob das Antakya ist, Istanbul – oder Paris!"

In Paris pflegt Mihrimah ihr Französisch, ihr Spanisch hält sie in Barcelona in Schwung. Und trotzdem, am häufigsten reist sie mit ihrer Familie in die Türkei. Ihr Traum ist es, irgendwann einmal an der Mittelmeerküste ein Haus zu haben, ein kleines Sommerhaus. Wenn sie und ihr Mann in Rente gehen, besser früher als später, und dort an der Küste leben könnten, neun Monate pro Jahr schönes Wetter ...

Die Vergleichsgröße für diesen Traum vom Mittelmeer-
paradies sind dabei aber bezeichnenderweise nicht die
türkischen, sondern die deutschen Rentner: „Ich habe in
Antalya so viele deutsche Rentner gesehen, die leben ein
halbes Jahr hier und ein halbes Jahr dort, so was könnte
ich mir auch gut vorstellen. Denn Deutschland liebe ich ja
auch, ich lebe hier, ich arbeite hier, Deutschland hat mir
viel gegeben. Und auch wenn es Zeiten gab, wo es für mich
hier sehr schwierig war, bin ich doch froh, dass ich in
Europa aufgewachsen bin und auch eine andere Kultur
kennen gelernt habe, da entwickelt man sich doch anders,
als wenn ich immer nur in Antakya gelebt hätte. So wurden wir von unseren Eltern auch erzogen, wir lernen gern
etwas dazu."

Wer nach Mihrimahs Selbstbeschreibung immer noch
auf der Suche nach einer eindeutigen Antwort – mehr
deutsch, mehr türkisch? – ist, kann sich ja noch einmal an
einer Interpretation ihres Resümees versuchen: „Wenn ich
in der Türkei bin, fühle ich mich eher wie eine Türkin,
merke aber, dass ich doch viel aus Deutschland mitbringe;
das kommt schon allein durch die deutsche Sprache, die
mir ja viel näher ist das die türkische. Und ich fühle mich
in der Türkei auch oft als Touristin." – Alles klar?

Und auch Rüya, die angehende Ärztin, die den Patienten
DVDs mit Hollywoodkomödien und Weisheiten von Mevlana mitbringt, erklärt sich hierzu, ohne dass man erst fragen muss – aber sie ahnt wohl, diese Frage gehört irgendwie mit zum Spiel: „Ich fühle mich als Weltbürger, das sage
ich auch in jedem Bewerbungsgespräch. Und es kann ja
auch nur von Vorteil sein, wenn man mehrere Sprachen
kennt und sich in die Kultur von einem Patienten einfüh-
len kann, der nicht von hier kommt. Ich habe von beidem

etwas, man sollte immer versuchen, das Beste herauszuholen. Zum Beispiel bin ich sehr pünktlich, und von der Pünktlichkeit sagt man ja immer, das sei eher etwas Deutsches. Aber irgendwie ist das auch wieder Quatsch; vielleicht hat das früher mal gestimmt, aber bei der jungen Generation sehe ich da keine Unterschiede. Es gibt Türken, die sind pünktlich und übernehmen Verantwortung, und es gibt Deutsche, die sind warmherzig und temperamentvoll, da könnte man meinen, das sei eher ein Südländer. Umgekehrt gibt es auch türkische Bekannte, da denkt man, Mensch!, ist der aber distanziert und unpersönlich."

Eine junge Frau kramt in der Schublade persönlicher Erlebnisse, lässt ihren Assoziationen freien Lauf, zeigt sich für alles offen. Und doch fällt einem, wenn man sich Rüyas Sätze noch einmal genauer anschaut, zweierlei auf: Zum einen erinnert ihr freundliches Zugeständnis, es gebe auch Deutsche, die warmherzig seien, ja sogar – man glaubt es gar nicht! – temperamentvoll, daran, wie fest verankert die Vorstellung vom unpersönlichen und distanzierten Deutschen doch ist. Die Wärme, die man in Deutschland und bei seinen Bewohnern oft vermisst, wird als Motiv immer wieder genannt; viel stärker als politische Erwägungen oder gelegentliche unangenehme Erlebnisse mit Ausländerfeindlichkeit ist der Mangel an solcher Wärme das vorrangige Argument „gegen" Deutschland: der Grund, warum man sich hier nicht ganz wohl fühlt. – Beklagen sich nicht auch viele Deutsche darüber, dass es bisweilen etwas kühl sei im eigenen Lande, und hegen sie nicht heimlich Träume von einer freundlicheren, intimeren Umgangsweise miteinander? Kein Grund also, sich nun als Deutscher gekränkt zu fühlen.

Zweitens gibt es einem zu denken, dass Rüya die Frage, ob sie eher deutsch oder türkisch sei, mit einem Bewerbungsgespräch assoziiert. Es sind also eher künstliche Situationen, die diese Frage hervorbringen, die sie nicht ganz klar beantworten kann, bei der sie sich vielleicht auch nicht ganz wohl fühlt und auf die sie eigentlich nur um der Etikette willen eingeht. In dieser Weise, so klingt es, stellt sich Rüya selbst die Frage nicht. Und auch Yıldız, die Kunstsammlerin, die Unverheiratete mit einer präzisen Vorstellung der gesuchten *elektrisite*, hat die Vorstellung eines Entweder-Oder irgendwann abgelegt. Sie ist die Einzige, die überhaupt das Wort Identität in den Mund genommen hat, die erzählte, dass sie als Teenager nicht genau wusste, wohin sie gehörte. Und doch klingt aus ihren Erinnerungen auch heraus, dass es vor allem die Umgebung war, die ihr signalisierte, dass sie nicht „genauso" sei wie die anderen. Diese fast zwangsläufige Erfahrung jeder Heranwachsenden aber bringt sie nicht mehr mit Unterschieden der Herkunft in Zusammenhang. „Ich bin universeller geworden", sagt sie, die Frage nach solchen nationalen Zugehörigkeiten hat sie hinter sich gelassen.

Rüya wiederum pickt sich nicht nur aus beidem das Beste heraus, sondern bedient sich auch bei einer dritten und vierten Kultur. Von ihren Yogaübungen und Meditationspraktiken hat sie bereits erzählt; sie hat zwei halbindische Freunde und eine pakistanische Nachbarin, sie liebt indische Musik und hat so mit der Zeit ein richtiges Faible für den indischen und pakistanischen Kulturraum entwickelt. Und wenige Minuten, nachdem sie Mevlana zitiert hat, kommt sie plötzlich auf den zentralasiatischen Schamanismus zu sprechen: weil die Turkvölker einst aus einer Gegend stammten, die heute zur Mongolei gehört, sei auch heute noch so manche Praktik einer schamanischen Naturreligion in Anatolien zu beobachten. Mit dieser Ansicht steht Rüya nicht allein da, auch einige Kulturanthro-

pologen sehen es so; gänzlich überraschend kommt dann
aber die Wendung, dass Rüya auch zu den Ureinwohnern
Nordamerikas eine starke Affinität verspürt: Deren Vorfahren stammten schließlich auch aus dem fernen Asien, und
ihre Religion und die der Anatolier habe daher viele gemeinsame Züge. – Gewagt, gewagt, diese Mischung – oder
ist am Ende irgendwie alles mit allem verwandt?

Umso überraschender also, wenn Rüya, die Weltbürgerin,
die Indianerexpertin, genauso selbstverständlich erklärt:
„Ich will später einmal zurück." Zurück, das ist ein großes
Wort in diesem Kontext. Zurück wollten, wir erinnern uns,
die Eltern all dieser jungen deutsch-türkischen Frauen,
wenn sie erst mal genug Geld angespart hätten. Wenn die
Kinder mit der Schule fertig wären. Wenn ... wenn ... wenn ...
Jahrelang sprachen die Eltern von diesem Zurück, debattier-
ten es mit den Kindern am Abendbrottisch, in der Abge-
schiedenheit ihrer Schlafzimmer, sehnten sich nach diesem
Zurück während der Urlaube an der türkischen Ägäis oder
wenn wieder einmal ein Bekannter einen besonders schönen, noch unbebauten Flecken Südküste aufgetan hatte.
Selbstredend lehnen alle vernünftigen Leute, so wird man
von diesen deutsch-türkischen Zurück-Sehnern hören, die
zunehmende Bebauung der Küsten mit hässlichen Hotels
und Ferienwohnungen kategorisch ab, und ökologisch be-
denklich sind diese Anlagen ja auch: Man denke nur einmal an die berühmten Schildkröten von Dalyan, deren
Laichplätze fast einer Hotelanlage hätten weichen müssen,
hätten sich nicht Naturschützer aus dem In-und Ausland
für sie eingesetzt. Aber *diesen* Küstenstrich, von dem jetzt
die Rede ist, wolle dieser Bekannte aus Antalya selbst
bebauen – geschmackvoll! Unter größter Rücksichtnahme
auf etwaige dort ansässige Wasserschildkröten! Und weil

man einander schon lange kenne, sei eines dieser Häuser sicher preiswert zu erhalten.

Soweit zur langen Geschichte des Zurück. Aber was, bitte, heißt Zurück bei jemand wie Rüya? Darf ich dich mal dran erinnern, liebe Rüya, dass du hier, in Offenbach, geboren bist? Hast du überhaupt jemals in der Türkei gelebt?

„Nö", gibt Rüya ganz unbekümmert zur Auskunft, die Pointe solcher irritierter Nachfragen geht völlig an ihr vorbei, „und trotzdem will ich zurück. Dann gehöre ich halt zu den seltenen hier geborenen, hier aufgewachsenen jungen Leuten, die zurück wollen. Und weißt du, warum? Weil all meine Freunde auch zurückgegangen sind. Die haben teils hier gelebt, seit ihrer Kindheit, aber dort gefällt es ihnen halt besser. Und sie bekommen bessere Stellen, das Phänomen ist ja bekannt! Meine beste Freundin zum Beispiel hat hier Politologie studiert, aber danach hat sie eine Dozentenstelle bekommen an einer tollen Istanbuler Privat-Uni. Na gut, für mich muss es nicht unbedingt Istanbul sein, nach dem Erdbeben. Aber als Ärztin kann ich ja überall hin!"

Bei diesem Satz muss sie allerdings doch selbst etwas lachen. Es ist nämlich so: So wie viele idealistische junge Deutsche in den achtziger Jahren Entwicklungshelfer werden wollten, lautete der Traum vieler deutsch-türkischer Teenager: Arzt oder Ärztin werden und dann „zurück" in die Türkei. Nicht in die Großstädte, wo es schon genug Ärzte gibt, sondern in die abgelegenen Dörfer mit ihrer dürftigen ärztlichen Versorgung. Impfen, operieren, aufklären – helfen und Gutes tun!

Ein Freund von Rüya hat diesen Traum wahr gemacht. „Der ist wirklich so, wie wir es uns alle mal vorgestellt haben, in ein ganz ländliches Gebiet gegangen. Er hat da ne eigene Praxis, er geht auch ins Krankenhaus, um dort zu operieren, also er kann da wirklich Einiges tun, da kann er sich nicht beschweren. Aber er ist jetzt zwei Jahre da, und er sagt, nee, langsam will ich doch lieber wieder in ne Metropole, das ist mir doch zu ruhig. Das hält man auf Dauer in so einem ganz kleinen Dorf wohl einfach nicht aus, wenn man es nicht gewöhnt ist! Ich würde ja auch, wie gesagt, in die Nähe meiner Freunde gehen, damit man sich oft sehen kann. Wo die Freunde sind, das ist das Wichtigste. Ansonsten hat jeder Ort ein pro und contra, wo man dann ist, ist eigentlich egal."

Das Thema „Zurück", die Frage, wo es besser sei, in Deutschland oder in der Türkei, haben schließlich auch drei Frauen angeschnitten, die ihre Kindheit und Jugend in der Türkei verlebt haben. Es sind Frauen, denen manch andere Türkin vorwerfen könnte, mit ihrem öffentlichen Kopftuchtragen spalteten sie sich nicht nur von den Deutschen, sondern auch von der Mehrheit der hier lebenden Türken ab und verzerrten gleichzeitig das Bild der Türken insgesamt – Frauen, mit denen Rüya, falls sie zu ihr in die Klinik kämen, sozusagen ein Erlebnis sich entblätternder Artischocken hätte. Diese drei Freundinnen heißen Fıstık, Derya und Dolunay. Es war Dolunay, die uns schon davon erzählt hat, wie sie ihrem frisch angeheirateten Mann in den Kölner Raum folgte, sich in einem Mietshaus voller deutscher und noch mehr jugoslawischer Nachbarn wiederfand und einfach so lange die Wohnungstür offen stehen ließ, bis die Nachbarinnen kamen und sie trösteten und bis schließlich „Omi" die junge Familie unter ihre Fittiche nahm.

Bis heute kann Dolunay, die erst vor kurzem mit ihrem Deutschkurs begonnen hat, wenig Deutsch, und doch bezeichnet sie sich selbst als Kommunikationswunder. Und sie ist es auch! Ohne die Unterstützung der hilfsbereiten, dolmetschenden Şerife wäre für mich nur sehr wenig zu verstehen; aber kaum drücken wir uns in Dolunays weiche Polsterecke, sprudeln die Geschichten nur so aus unserer Gastgeberin heraus: vergnügt, offenherzig, ungeniert. Derweil tätschelt sie der neben ihr sitzenden Freundin Derya die Knie oder den runden Bauch – Derya ist im fünften Monat. Ihr erster Sohn, zweieinhalb, tobt durch die Wohnung. Dolunay selbst hat bereits fünf Kinder, von denen die beiden jüngsten gerade mit dem Papa unterwegs sind, und sie möchte noch mehr.

„Oh je, was werden die deutschen Leser denken ... Schreib, dass du eine türkische Frau kennen gelernt hast, die jedes Jahr ein Kind bekommen hat", lacht sie, und die schwangere Derya lacht mit, und die dritte im Bunde, Fıstık, die ebenfalls schwanger ist, klatscht sich gar vergnügt auf die Schenkel. „Meine Kinder sind wie eine Treppe!" Nun, es stellt sich heraus, dass das doch nicht so ganz stimmt. Dolunays älteste Tochter ist 17, ihre zweite 16, die dritte 14. Dann folgt eine längere Lücke: Die vierte hat gerade erst mit der Schule begonnen, und die jüngste ist drei. Dolunay trägt ein in meinen Augen nicht gerade wunderhübsch gemustertes Kopftuch – aber sich schwarz zu verhüllen, käme nicht in Frage. Viel zu langweilig! In Mittelanatolien, bei den Bauern, in den Dörfern, aus denen Dolunay und ihre Freundinnen stammen, sind Blumenmuster seit eh und je groß in Mode. (Ein Grund für die großstädtischen, modernen, die Mittelschichts-Türkinnen, Blumenmuster eher zu meiden.)

Mit Fıstık, Derya und Dolunay sitzen uns drei der Frauen gegenüber, die der deutschen Integrationsdebatte Zunder geben, die man bemitleidet und fürchtet, denen man schon äußerlich ansieht, dass sie aus einer ziemlich anderen, eben der anatolisch ländlichen Welt stammen, und über deren Inneres oft nur spekuliert wird. Dass Dolunays Ehe von Mutter und Tanten arrangiert wurde, wurde bereits erzählt. Ähnlich sind auch Fıstıks und Deryas Ehen zustande gekommen, nur dass ihre Ehemänner zu dem Zeitpunkt bereits mehrere Jahre in Deutschland gelebt und gearbeitet hatten: Vor vier beziehungsweise fünf Jahren erst haben Fıstık und Derya ihre Ehemänner kennen gelernt, schnell wurde geheiratet, kurz darauf waren sie in Deutschland – zwei jener „Importbräute", von denen in türkischen und deutschen Medien oft die Rede ist. „Meine Schwestern haben alle in der Türkei geheiratet, von meiner Familie bin ich die Einzige hier. Aber es hat ja auch Vorteile", findet Fıstık. „Sicher, man muss in die Fremde gehen und weiß nicht, wie es dort ist. Aber andererseits – nein, ich möchte nicht zurück. Mein Mann sagt immer: ,Lass uns zurück gehen, die Arbeit ist so hart'" – Er arbeitet auf dem Bau – „Aber ich sage: ,Nein, hier haben wir eine Wohnung. Hier haben wir überhaupt Arbeit!'"

Anfangs hatte Fıstık als Putzfrau gearbeitet; ihr Arbeitgeber verlangte, sie solle ihr Kopftuch bei der Arbeit abnehmen, und ihr Mann verlangte, dann solle sie eher auf die Arbeit verzichten. Was sie getan hat, obwohl sie selbst das mit dem Kopftuch nicht so eng sieht. „Eine Sitte halt", sagt sie, nichts, was man in ihren Augen unbedingt beibehalten müsste. In dieser kleinen Anekdote spiegelt sich so vieles, kreuzen sich so viele Linien aus der Diskussion um soziale Benachteiligung und die Chance der Selbstbestimmtheit, um Ausländerfeindlichkeit und Patriarchat: Da tritt der deutsche Arbeitgeber auf, der an seinen sicherlich nicht allzu üppig bezahlten Arbeitskräften, die spätabends oder morgens früh durch die Büroräume huschen, den Anblick eines Kopftuches nicht ertragen kann. Der Ehemann, der die Vorstellung, seine Frau arbeite unverhüllt unter „Fremden", genauso wenig ertragen kann. Und die Ehefrau, die sich den Streit mit ihrem Ehemann nicht aufzunehmen traut, ihn nicht gewinnt oder die Sache eines geprobten Aufstands nicht für wert befindet.

Doch direkt daneben Dolunay: durchsetzungsfähig, selbstbewusst, munter und, wie gesagt, ein Kommunikationstalent. Auch Dolunay trägt ihr Kopftuch, und auch sie hat schon bei diversen deutschen Firmen als Putzhilfe gearbeitet. Wenn eines ihrer Kinder einen rasanten sozialen Aufstieg schafft, wird es von der Mutter später vermutlich als „Reinigungskraft" sprechen – in jener Mischung aus Ehrfurcht, leichter Scham und politischer Korrektheit, die bei anderen Frauen vergleichbarer sozialer Herkunft zu beobachten ist. Vor allem aber wirklich Ehrfurcht, muss man der Gerechtigkeit halber betonen, vor der so fleißigen, oft müden, immer liebenden Mutter. Dolunay hat früher halbtags gearbeitet, heute arbeitet sie nur noch zweieinhalb Stunden pro Tag. Als Kollegin ist sie so beliebt, dass sie übernommen wurde, als ihrer Firma gekündigt wurde. „Ich putze bei der Telekom. Früher war ich bei einer anderen Firma, wir haben jeden Tag dort geputzt, dann wurde denen der Vertrag gekündigt. Man hat eine neue Firma bestellt. Aber die Kollegen haben sich zusammengetan und gebeten: ‚Nein, wir mögen Dolunay so sehr, wir möchten nicht auf sie verzichten!' Die neue Putzfirma hat angefangen, und ich blieb auch dabei."

Nach dem großen Erdbeben in der Türkei am 17. August 1999 war Dolunay sehr niedergeschlagen. Als sie zur Arbeit ging, fiel das auch ihrer Chefin auf, und sie versuchte den Grund ihres Kummers in Erfahrung zu bringen. „Dolunay, du bist so traurig, hat dich dein Mann schlecht behandelt? Hat dein Mann dich geschlagen?" „Nein", sagte Dolunay, und die Erinnerung bringt sie immer noch zum Lachen. „Ich habe geantwortet: ‚Mein Mann küsst mich immer nur. Das hat mit meinem Mann nichts zu tun, sondern ...' Aber da ist mir das Wort für Erdbeben nicht eingefallen. Ich habe es so herum versucht und so herum, und es ist mir nicht eingefallen. ‚Jetzt setz dich bitte mal da hin', habe ich zu meiner Chefin gesagt, ich hatte nämlich einen großen blauen Müllsack dabei, und die Chefin hat sich drauf gesetzt. Dann hab ich ihr Häuser aufgezeichnet und sie kaputt gemacht, und ich habe Menschen gezeichnet und sie auf dem Papier sterben lassen, und dann hat sie verstanden, dass es um das Erdbeben ging. Sie ist aufgestanden und hat mich umarmt. Ja, meine Chefin – sie ist eine Deutsche, aber sie hat doch Gefühl gezeigt!" – Und da ist es wieder, das Bild von den kühlen Deutschen. Das aber doch nicht ganz stimme, wie im konkreten Fall dann so oft hinzu gefügt wird.

Auch Dolunays Mann will lieber wieder in die Türkei zurück, und sie und ihr Mann besitzen dort inzwischen auch ein Haus, das haben sie lange und mühsam angespart. „Trotzdem, ich geh nicht zurück, hab ich ihm gesagt. Auch wenn wir mal in Rente sind, ich geh nicht zurück. Zu Hause haben wir Land und Felder, die Arbeit dort hört nie auf. Die Familie kontrolliert alles, man muss hier helfen und dort helfen. Hier kann ich machen, was ich will. Und für meine Kinder ist es hier doch auch schöner. Wenn wir eine Woche bei den Großeltern in der Türkei sind, quengeln sie schon: Mama, jetzt sind wir doch bei den Großeltern gewesen, können wir nicht wieder nach Hause?" Dolunay lacht. „Mein Mann und ich, wir scherzen schon immer deswegen. Er sagt, gut, dann gehe ich eben alleine wieder in die Türkei, und du schickst mir die Hälfte der Rente und davon lebe ich dann. Meinetwegen, sage ich, wenn du unbedingt willst, machen wir es so!"

„Hier kann ich machen, was ich will." – Das ist nicht gerade der Satz, den man mit Frauen wie Dolunay in Verbindung bringt. Fünf Jahre sind sie und ihre Freundinnen in der Türkei zur Schule gegangen, damit war der Schulpflicht damals Genüge getan. Von Kopftuch und Blumenmustern war schon die Rede, und wer eine der drei auf der Straße ihren Kinderwagen schieben sieht, wird denken, aha, da ist sie ja, die wandelnde Desintegration. Es sind Frauen wie Dolunay, denen man unterstellt, dass sie keinen eigenen Willen hätten oder, wenn doch, dann keine Möglichkeit, ihn durchzusetzen. Denen man unterstellt, dass sie hinter geschlossenen Fensterläden als einsame Hausfrauen vor sich hin darben und dafür leben, es ihrem Manne recht zu machen.

Das soll jetzt aber wirklich das letzte Mal sein, dass ich solchen Äußerlichkeiten auf den Leim gehe! Auch wenn Fıstık „gerne" putzen gegangen wäre – ihr Hausfrauenleben sieht nicht einsam aus. Sie und ihre Freundinnen haben Verwandte hier und in der Umgebung, Freundinnen in dieser und jeder Nachbarstraße. So wie jetzt mit uns verbringen sie täglich viele gemeinsame Stunden, fläzen sich auf den Sofas, bewundern die Zeichnungen ihrer Kinder, debattieren ihre Ehen rauf und runter und lachen sich zwischendurch halb kaputt. Vierzig Quadratmeter Deutschland sehen anders aus.

Dass Dolunay und ihr Mann ihren Lebensabend getrennt verbringen werden, ist übrigens mehr als unwahrscheinlich. „Wir scherzen schon immer deswegen", hatte Dolunay gesagt. Ihre Ehe ist eine arrangierte Ehe *und* eine Romanze in einem! Und in gewisser Weise hat sie ihn schon ihr ganzes Leben lang gekannt – oder vielmehr seines. Er ist nämlich ein Jahr jünger als sie. „Ich war schon auf der Welt, als seine Mutter geheiratet hat. Als Kinder haben wir zusammen gespielt! Er ist der Sohn von der Schwester meiner Mutter." Ein Cousin also. Früher sollte diese Sitte garantieren, dass die Felder der Familie nicht zu weit auseinander gerissen würden, und heute noch versprechen sich Eltern daraus eine gewisse Sicherheit, die Familie, zu der die Tochter ziehe, werde diese freundlich aufnehmen: Schließlich kennt man einander, gehört zusammen.

Trotz der Verwandtschaft sind Dolunay und ihr Mann nicht wirklich nah miteinander aufgewachsen; die Familie der Tante lebte in einem anderen Dorf. „Ab und zu haben wir uns natürlich gesehen, da sollte ich mithelfen auf den Feldern. Also bin ich in den Nachbarort zu meiner Tante, mein Mann war auch da." Hat sie ihn da schon als Mann wahrgenommen oder eher als Bruder? „Oh, ich weiß nicht. Ja, vielleicht, wir haben ein bisschen geflirtet. Oder auch nicht. Mir wäre aber gar nicht die Idee gekommen, dass wir heiraten würden. Obwohl ich im Nachhinein sagen muss: Jetzt, wo ich ihn kenne, hätte ich ihn auf jeden Fall geheiratet. Auf jeden Fall! Auch wenn die Familie dagegen gewesen wäre, wir wären weggelaufen und hätten geheiratet!" Das wurde aber gar nicht erst nötig. „Seine Mutter hat gesagt, wir suchen eine Frau für unseren Sohn, und meine Mutter hat gesagt, wieso nicht Dolunay, sie würden gut zueinander passen. So kam es halt. Und ich liebe ihn sehr. Ha! Er hat ja schon eine Glatze, kein einziges Haar mehr auf dem Kopf, und ich streiche ihm immer über den Kopf und sage: Na, mein geliebter Glatzkopf, wie geht es dir?"

Eine Ehe, die seit 18 Jahren besteht. „Meine Kinder sind wie eine Treppe", hat diese Frau gesagt, „Die Kollegen

haben sich für mich zusammen getan", „Mir fällt das Wort
für Erdbeben nicht ein", und: „Was werden die deutschen
Leser denken?" Vielleicht, dass du eine glückliche Frau bist,
Dolunay? Eine Frau mit dem Talent, Menschen ihrer Umgebung zu ihren Freunden zu machen, eine Frau, von deren
Humor und Plauderseligkeit man sich gern etwas abgucken
möchte?

Kennst du es wohl? Dahin!

Der weite Strand, das Licht, der leichte Wind, der bei 40
Grad im Schatten Erfrischung vom Meer herüberträgt; das
gute Essen, das frische Obst; die Aufmerksamkeit der Tanten, die gichtverknotete, immer noch zärtliche Hand der
Großmutter; die Silhouette der großen Moscheen, die Rufe
vom Minarett und das Glucksen der Fischerboote auf dem
Bosporus ... Mindestens einmal im Jahr, jeden Sommer, geht
es für die meisten Frauen in die Türkei; das war früher, in
der eigenen Kindheit, so; und das gilt bis heute. Natürlich
gibt es Ausnahmen: Manche Frauen haben das Land ihrer
Eltern und Großeltern jahrelang nicht besucht, weil sie
endlich auch einmal andere Länder kennen lernen wollten.
In die Türkei fuhren sie erst wieder, als sie eigene Kinder
bekommen hatten, denen sie nun das Land der Großeltern
zeigen wollten und für die sie sich wünschten – auch wenn
sie nicht genau erklären können, warum –, dass sie Türkisch als zweite Sprache lernen. Manch andere, auch das
darf man nicht vergessen, konnten jahrelang nicht mehr
an den Ort, aus dem die Eltern stammten oder in dem sie
vielleicht sogar selbst schon einige Jahre zur Schule gegangen waren, weil Krieg herrschte zwischen der türkischen
Armee und der PKK.

Doch davon einmal abgesehen, liegt die Türkei vielen
deutschen Türken als Urlaubsland so nah wie vielen deutschen Deutschen die Inseln Juist oder Hiddensee. Meist
wird das Flugzeug gewählt. Und auch wenn auf diesem
Wege noch manch eine Melone aus Diyarbakır auf Reisen

geht, ist die Zeit der mit Wirtschaftswundergütern voll beladenen Pkws, die sich auf der alten Galatabrücke in Istanbul übers Goldene Horn und dann über den Bosporus nach Asien hinüberschoben, im Großen und Ganzen vorbei: Es kommt seltener die Melone als die Mutter eines ausgewanderten Melonenbauern zu Besuch; es reist weniger die Waschmaschine als der Waschmaschineningenieur.

Überhaupt wäre es mal eine Untersuchung wert, warum der Beruf des Ingenieurs unter den deutsch-türkischen Männern so beliebt ist, während die deutsch-türkische Studentin sich am liebsten für Jura, Medizin oder Zahnmedizin entscheidet. Jedenfalls können es sich dieser Ingenieur und seine Frau, die Zahnärztin, sogar leisten, hin und wieder für ein verlängertes Wochenende in eine der erwähnten Ferienanlagen zu fliegen. „Die Türkei ist so nah", sagen sie dann, „nur zweieinhalb Stunden". – Ein Klacks. Das erinnert in nichts an das Gefühl der Deutschen, dass die Türkei nicht zu Europa gehöre, an dieses Gefühl der Ferne und der halb neugierigen, halb argwöhnisch empfundenen Distanz zum anderen, hinter dem Bosporus beginnenden asiatischen Kontinent.

Gern würde man auch herausfinden, was es genau ist, das die deutschen Türkinnen immer noch an die Türkei bindet. Gewiss das Gefühl der dort erlebten, bereits mehrfach angesprochenen Wärme, sowohl im klimatischen als auch im übertragenen Sinn. Und dazu eine darüber hinausreichende, schwer benennbare Sehnsucht. „Ich versuche ja ab und zu, woanders hinzufahren", erzählt Gülbahar, die Werbeassistentin, die früher als Reiseleiterin gearbeitet hat, fast ein bisschen verschämt. Und sie zählt nach: „Bisher habe ich immerhin Ungarn, Portugal und Italien geschafft. Aber es ist schwierig, denn ich habe immer so Sehnsucht. Von früher, als ich mit der Reisegesellschaft überall war, weiß ich dann auch immer ganz genau, wo ich gerade hin will – nicht zu Verwandten, sondern einfach an schöne Orte, je nachdem, wonach ich gerade Sehnsucht habe."

Die alten Freunde in Ankara, das bunte Treiben in Izmir, großes Wiedersehen in der Ferienwohnung von Freunden im Süden oder einfach nur Faulsein am Strand von Marmaris. Verwandte, die wiederzusehen Kindheitserinnerung und Wohlgefühl bedeutet und einem doch manchmal auf die Nerven geht, weil „immer jemand Besorgtes wissen will, wohin man grad geht". Und wenn man dann irgendwohin geht, wo man sich nicht auskennt, merkt man manchmal, dass man halt doch nicht ganz dazugehört. „Als ich zum ersten Mal in Erzurum zu Besuch war, da hatte ich ein Sommerkleid an – nichts tief Ausgeschnittenes natürlich, auch mit Ärmeln. Aber sogar die waren dort schon zu kurz", erinnert sich Yaprak, und das ist keine angenehme Erinnerung. Sie, ein nichts ahnender Teenager, im Sommerkleid vergnügt auf der Straße, und dann von geifernden Männern geradezu verfolgt. „Huh, was haben die mir nachgepfiffen und die alten Frauen missbilligend geguckt. Man hat mir später gesagt, wenn ich in die Türkei gefahren bin, man merkt das an eurem Gang, dass ihr aus Deutschland seid, ich weiß gar nicht genau woran, aber irgendwie gehen wir anders." Dann überlegt Yaprak, wann das war: in den achtziger Jahren, das ist lange her. Heute, räumt sie ein, falle man als europäisch gekleidete Frau in den meisten Städten der Türkei nicht mehr auf.

Ist die Türkei inzwischen also ebenso modern wie der Rest Europas? Oder war sie es in ihren Großstädten schon immer, wie Mihrimah es von Antakya erzählt? Oder war man in der Türkei früher aufgeschlossener, ging es aber dank der neuen Frommen in den letzten Jahrzehnten wieder rückwärts? Wie so oft gehen die Meinungen auch hier ganz schön weit auseinander. Nilüfer zum Beispiel sieht überall neuen religiösen Rigorismus: „Ich finde das so erschreckend, wenn ich den Anblick vieler Istanbuler Viertel heute mit früher vergleiche. Damals war alles so modern und die Frauen modisch gekleidet. Aber diese vermummten Gestalten, diese Kopftuchfrauen, wo kommen die alle bloß her?" Aus den Dörfern Anatoliens, heißt eine gängige Antwort. Immer noch reißt die Landflucht in der Türkei nicht ab, entstehen an den Rändern der Millionenstädte gecekondus, Viertel mit tausenden „über Nacht gebauten" kleinen Häuschen ohne Genehmigung und Infrastruktur.

„Also jetzt stellt euch mal nicht so an!", schimpft die rückkehrwillige Rüya. „Inzwischen sagt man ja sprichwörtlich, Istanbul ist ein großes Dorf geworden, weil viele aus Anatolien kommen. Auch meine Mutter meint, früher sei alles viel ruhiger und schöner gewesen, kein Durcheinander, kein Stress. Aber es gibt andere Metropolen, Rom zum Beispiel, da ist die Kriminalität doch viel höher. Und wenn dann manche sich immer beklagen, wie chaotisch es angeblich in der Türkei ist, da denke ich, die haben doch einfach nur Minderwertigkeitskomplexe. Ich finde es schön, in Beyoğlu und Taksim einfach so durch die Straßen zu gehen, da ist ne künstlerische Ecke, da gibt es Cafés und Läden, das beruhigt mich irgendwie, das ist Stressabbau."

Auch zum Thema Stressabbau gibt es natürlich die Gegenmeinung: „Schön, aber anstrengend ist das! Das Schlimme ist, der Verkehr kennt da überhaupt kein System. Wenn du in Istanbul von A nach B willst, dann bist du nachher ganz erledigt." Hier werden die Verteidiger Istanbuls entgegenhalten, dass sich in Istanbul in den letzten Jahren verkehrspolitisch sehr viel getan, dass insbesondere der Bau der neuen U-Bahn den oberirdischen Verkehr stark entlastet hat. „Ganz modern" sei diese neue U-Bahn – denn „modern" ist ein Zauberwort.

Wer den modernen Trubel nicht verträgt, kann mit etwas Glück im Marmarameer sein Geheimrezept finden. „Ich bin ja Workaholic", sagt Nilüfer, „also viel Urlaub ist da nicht drin. Aber wenn, dann fahre ich immer ins Ferienhaus. Ich schaue den Leuten beim Surfen zu, schwimme jeden Tag, versuche mich zu entspannen. Die Helligkeit und die Wärme der Menschen – ich bin dort nicht so verkrampft, ich entspanne mich und bin locker. Aber meine Heimat kann ich's nicht nennen, meine Heimat ist hier."

Heimat? Man unterstellt diesem Wort gerne, dass es einen klaren Bezug zu einem einzigen Ort gebe, der Ursprung oder Refugium ist. Aber wie viele Menschen gibt es, die solch eine Heimat überhaupt besitzen? „Ich bin hier geboren", sagt Gülbahar, „zwar bin ich Türkin, aber weil ich hier geboren bin, fühle ich mich hier viel wohler. Ich gehe vier, fünf Wochen auf Urlaub dorthin, das ist okay, aber nach drei Wochen will ich wieder zurück. Das ist wie meine Heimat hier." – *Wie* meine Heimat? Da sie sich in der Türkei auf Dauer auch nicht wohl fühlt, scheint es also, als ob Gülbahar gar keine „richtige" Heimat hätte. Andererseits klingt es auch nicht so, als würde sie das sehr vermissen. Ist die Frage nach der Heimat wieder so eine künstliche Frage wie die, ob jemand mehr deutsch oder mehr türkisch sei?

Vielleicht liegt es nicht an dem Vorhandensein oder Fehlen von „Heimat"; und doch gibt es die Sehnsucht nach einem besseren, schöneren, wärmeren Ort, der beides vereinte, was man einerseits an der Türkei so schätzt und was anderseits in Deutschland zur Realität geworden ist. Die Studentin Selin und ihr Mann wohnen seit kurzem in einem kleinen Vorort Frankfurts, der noch ganz deutliche dörfliche Züge trägt. Kleine Gassen, links und rechts Fachwerkhäuser und gepflegte Vorgärtchen mit glitzernden bunten Kugeln, die des Nachts erleuchtet werden. Tagsüber laden rustikale Gartensessel zum Mittagessen im Freien ein – wenn man sich denn traute, sie zu benutzen. „Wir haben natürlich gedacht, dieser Garten ist auch für uns da. Aber irgendwie – die Vermieter leben mit im Haus, und obwohl sie es nicht gesagt haben, haben wir den Eindruck, das ist ihr Garten. Wir dürfen nur durchgehen, wenn wir zum Briefkasten wollen, oder ihn vom Fenster aus bewundern. Er sieht schön aus, aber wir dürfen nie rein!"

Und das ist irgendwie mit dem ganzen Dorf so, in dem zu leben ein lange gehegter gemeinsamer Traum von Selin und ihrem Mann war. „Wir dachten, so ein Dorf, das ist sehr idyllisch. Die Leute sind näher beieinander, nicht so fremd wie in der Stadt. Aber die Wärme, die wir da gesucht haben, haben wir nicht gefunden. Ja, es ist ein kleiner Ort, aber es ist furchtbar hier, genauso kalt wie in der Großstadt, nur halt kleiner, und am liebsten würden wir so schnell wie möglich wieder weg."

Doch wohin? Selin und ihr Mann leben schon über die Hälfte ihres Lebens in Deutschland, nur kurz haben sie in Erwägung gezogen, in die Türkei zu gehen. Der Abstand ist einfach zu groß. „Wir haben ja in so vielem den Anschluss verloren – wir haben eine Zeitlang extra türkisches Fernsehen geguckt und klassische türkische Musik gehört, die uns mein Schwager aus dem Internet runtergeladen hat. Wir haben gedacht, wenn wir schon zurückgehen, dann machen wir es lieber ganz. Man müsste sich auch ein bisschen anpassen, sich in die türkische Kultur einleben und nicht bei allem, was einem komisch vorkommt, so überkritisch sein."

Aber es blieb eben doch zu viel, was ihnen komisch vor-kam. Zu viel, das sie kritisch bleiben ließ und auf Distanz. „Vielleicht muss man also gar nicht ‚zurück‘", hat Selin da-raus geschlossen, „sondern geht am besten ganz woanders hin. Irgendwo in der Mitte, das wär's doch! Italien, das ist jetzt mein neuester Traum. In Italien, denke ich, da würde ich mich wirklich wohl fühlen."

Kleine Anmerkung: Selin war erst einmal in Italien, und zwar während ihrer Oberstufenabschlussfahrt, es ist also schon ein paar Jahre her. Es handelt sich hier um eher hypothetische Erwägungen. Die nichtsdestotrotz mit einiger Überzeugung vorgetragen werden. „In Italien sind die Men-schen netter als hier, sie sind wärmer, mediterraner. Aber sie sind nicht wie die Türken! Die Türken sind so, dass sie es auch schon wieder übertreiben. Sie überschütten einen mit allem, sie wollen an allem teilhaben; wenn man dort ist, wird man andauernd gefragt, oh, was machst du, wo gehst du hin? Das ist schon fast übergriffig. Außerdem ist diese große Herzlichkeit nicht immer echt; und künstliche Herz-lichkeit, das ist etwas, was ich nicht haben kann." Keine Käl-te, keine Enge, keine Künstlichkeit. Irgendwo muss es doch so ein paradiesisches Fleckchen geben! Weder Deutschland noch die Türkei, sondern ein dritter Ort: Nur in Italien ist man auf der sicheren Seite der Alpen, auf der Sonnenseite des Mittelmeers.

Kennst du das Land, wo die Zitronen blühn / Im dunkeln Laub die Goldorangen glühn / Ein sanfter Wind vom blauen Himmel weht / Die Myrte still und hoch der Lorbeer steht! Es ist das Privileg jedes Tagtraums, sich nicht kleinkariert mit Details abzugeben: Berlusconi, wer soll das sein? Wäh-rend sie vom idealen Italien träumt, hat Selin ihre sieben Wochen alte Tochter auf dem Arm, ein in selbstgestrickte weiße Wollsachen gehülltes, rosagesichtiges Bündel mit warmem, süßem Kindergeruch. Die Schwiegermutter ist für mehrere Wochen zu Besuch, „meine Schwiegermutter ist wie meine beste Freundin", könnte Selin ganz aufrichtig sagen, und manchen Service eines großen Hotels – unter anderem 24 Stunden Kinderbetreuung auf Anfrage – bietet sie auch. Schließlich Selins Mann, ein wahrer Hüne mit einer, wie sie enthüllt, zarten, leicht melancholischen Seele.

„Immer habe ich mich nach Perfektion gesehnt, nach absoluter Erfüllung, nach einem Leben, in dem alles stimmt, und nach einem Mann, mit dem ich alles teilen könnte", hat sie mir wenige Tage vorher erzählt. „Aber ich habe ihn ganz spät erst gefunden." Im Alter von 27 Jahren nämlich – pah, da haben andere noch viel länger warten müssen! „Ich hab gar nicht mehr dran geglaubt, dass so ein Mann einmal existieren könnte. Gut, dachte ich, lebst du eben ein Leben als Philosophin, die Nase immer in den Büchern, du brauchst keinen Mann und keine Familie, lesen, schreiben, denken, das war's."

Dann hat sie den zarten Hünen bei einem Literaturzirkel im Haus ihres Professors kennen gelernt, der Raum war voll, die beiden quetschten sich an der Tür, sie tauschten zwei, drei Sätze aus und konnten das Ende der offiziellen Diskussion kaum abwarten, so dringend wollten sie weiter miteinander reden. „Und alles hat gestimmt. Was er gesagt hat, hat mir eingeleuchtet, was ich erzählt habe, war ihm vertraut. Wir hatten dasselbe gelesen, dieselben Fragen, dieselben Zweifel."

Durch die Begegnung mit ihrem Mann hat Selin gemerkt, „dass mein Leben vorher gar nicht echt war, das hat in den Wolken stattgefunden, ich war hochmütig gewesen. Jetzt, wo ich meine Tochter habe, merke ich, dass ich in Wirklichkeit so sein will: körperlich sozusagen, eine Frau, auch wenn ich früher immer gesagt habe, jeder ist einfach nur Mensch. Früher war ich ‚Mensch‘, aber körperlos, nur in meinen Büchern. Jetzt bin ich eine Frau – und viel mehr auf der Erde."

Der Seelenpartner. Das milchtrunkene, leise schnaufende Kind, die Schwiegermutter, die es ins Nachbarzimmer bringt und sich daneben legt und über seine Atemzüge wacht, damit die Mutter ausruhen und den Abend mit Mann und Gast genießen kann. Ist das nicht nahe an der Perfektion, Erfüllung, ist das etwa kein idealer Ort? – Nein, denn die Sehnsucht, sie hört niemals auf. Sie treibt uns an und sie beschwert uns, beflügelt uns und macht uns ruhelos.

Ausgewählte Literatur

Abu Zaid, Nasr Hamid: *Ein Leben mit dem Islam*. Erzählt von Navid Kermani. Verlag Herder, Freiburg 2000.

Ammann, Ludwig: *Die Geburt des Islam. Historische Innovation durch Offenbarung*. Wallstein Verlag, Göttingen 2001.

Armstrong, Karen: *Kleine Geschichte des Islam*. Berliner Taschenbuch Verlag, Berlin 2001.

beiträge zur feministischen theorie und praxis. *Wenn Heimat global wird ...* Heft 63/64 2003, darin insbesondere die Aufsätze von Semra Çelik, Schahrzad Farrokhzad, Christine Riegel und Gaby Straßburger.

Boos-Nünning, Ursula und Yasemin Karakaşoğlu: *Viele Welten leben. Zur Lebenssituation von Mädchen und jungen Frauen mit Migrationshintergrund*. Waxmann Verlag, Münster 2005.

Faroqhi, Suraiya: *Geschichte des Osmanischen Reiches*. C. H. Beck, München 2000.

KoranLeseBuch. Wichtige Texte neu übersetzt und kommentiert von Hartmut Bobzin. Verlag Herder, Freiburg 2005.

Kreiser, Klaus und Christoph K. Neumann: *Kleine Geschichte der Türkei*. Philipp Reclam jun. Stuttgart 2003.

Seufert, Günter und Christopher Kubaseck: *Die Türkei. Politik, Geschichte, Kultur*. C. H. Beck, München 2004.

Schimmel, Annemarie: *Auf den Spuren der Muslime. Mein Leben zwischen den Kulturen.* Verlag Herder, Freiburg 2002.

Schimmel, Annemarie: *Dein Wille geschehe. Die schönsten islamischen Gebete.* Spohr Verlag, Kandern im Schwarzwald 2004.

Danksagung

Allen voran bin ich natürlich denjenigen dankbar, die mir freimütig und liebenswürdig so viel von sich erzählt haben, dass ich dieses Buch schreiben konnte, und zwar mit viel Freude. Es war so schön, mit euch zu sprechen, und was ihr mir erzählt habt, ist mir oft viele Tage wie ein Lieblingssong aus Teenagertagen durch den Kopf gegangen. Ich hoffe, ihr erkennt euch (gerne) wieder – und sonst niemand. Denn ich habe natürlich Namen und Berufe geändert, Lebensgeschichten auseinander gerissen und unterschiedliche Personen ineinander gebastelt. Mein herzlicher Dank also an: Alev Y., Aşkın A., Bengi K., Dilek S., Ezhar C., Gönül H., Hanife Y., İlknur B., Kadriye A., Mihriban Ö., Naciye M., Perihan D., Reyhan K., Seda G., Semra G., Sibel Ö., Suhal B., Şule U. und Şerife Özer. Şerife danke ich außerdem für ihre kenntnisreiche Unterstützung und den Elan, mit dem sie mich durch das Rhein-Main-Gebiet geschleust hat; als sie den Eindruck hatte, das Rhein-Main-Gebiet sei mir allmählich hinreichend vertraut, ist sie mit mir sogar bis nach Ankara gereist. Ihrem dortigen Professor Alemdar Yalçın danke ich für seine Gast- und darüber hinausgehende Freundschaft. „Aber du weißt doch, der Fremde ist bei den Türken nicht fremd", hatte Şerife vor unserer Reise gesagt – Recht hattest du!

Für seine enorme Hilfsbereitschaft danke ich meinem Kollegen Steffen Hebestreit, und für Ermutigung und Rat und Dabei-Sein meinen Freundinnen und Freunden Michael Adrian, İmran Ayata, Christopher Baethge, Alma Giese

Heinrichs, Navid Kermani, Birgit Nolden, Christine Pries, Tina Schlüter, Jutta Stössinger und Ute V. Vollmar vom Pony-Express. German Neundorfer vom Verlag Herder hat sich dies Buch ausgedacht – ich danke ihm von Herzen dafür, dass er mir seine Idee anvertraut und mit mir so sorgfältig an ihrer Umsetzung gearbeitet und mir damit ein sehr schönes Jahr bereitet hat.

In vielfacher Hinsicht waren es meine Eltern Ursula und Fuat Sezgin, die mich in in den Stand versetzt haben, dieses Buch zu schreiben, und ihnen sei es gewidmet: *Güle güle okuyun!*